ENCYCLOPÉDIE MONÉTAIRE,

OU

ESSAI

Sur les Monnaies et les Systêmes monétaires des différens peuples des quatre parties du monde.

PAR J. P. L. BEYERLÉ.

PREMIÈRE LIVRAISON.

A PARIS,
Chez MOLLER, Imprimeur, Maison des Filles Saint-Thomas, vis-à-vis la rue Vivienne.

AN VIII.

AVANT-PROPOS.

Tout individu doit à sa patrie un subside proportionné à sa fortune : la mienne, froissée par les évènemens communs à toutes révolutions politiques, ne consiste plus que dans une récolte de près de 50 années de recherches et de méditations sur les monnaies considérées sous les points de vue d'économie politique, de législation, d'administration et de fabrication; j'en fais hommage à ma datrie. J'ai l'espoir (ce n'est pas de l'orgueil) que ce recueil ne sera pas sans quelqu'intérêt, non-seulement pour plusieurs de mes compatriotes, mais encore pour mes frères de tous les pays. Peut-être même ceux qui portent le pesant fardeau du gouvernement, ceux qui sont chargés des importantes fonctions de la législation, ceux auxquels on a confié l'administration en cette partie, pourront-ils y trouver quelques renseignemens utiles. Les négocians, et ceux qui font le commerce des matières d'or et d'argent, y puiseront des connaissances certaines sur la manière dont on évalue les degrés de pureté de l'or et de l'argent, chez les nations entre lesquelles il existe des relations commerciales ; sur les poids monétaires de ces nations, et les rapports de ces poids avec les nôtres ; sur les systèmes monétaires de ces peuples; enfin, sur les monnaies qui s'y fabriquent, ainsi que sur les rapports de ces monnaies avec notre nouveau systême.

Je présenterai ce travail en cinq livraisons.

La première livraison est relative à l'organisation des monnaies et aux loix monétaires; elle comprend 1°. une dissertation sur les défauts de l'organisation actuelle des monnaies de France, et sur les moyens d'y remédier; 2°. un projet de réglement pour cette organisation; 3°. un projet de loi sur la fabrication des monnaies françaises.

J'ai choisi les loix françaises, parce que j'ai dû travailler d'abord pour mon pays; les gouvernemens des autres pays pourront y trouver les principes qui doivent fixer leur détermination.

La seconde livraison contiendra ce qui est relatif à l'échelle de titre des matières d'or et d'argent, ainsi que des poids monétaires des différentes nations.

La troisième livraison contiendra un Essai sur les monnaies françaises depuis l'origine de la monarchie jusqu'à ce jour.

La quatrième livraison présentera les systêmes de fabrications de monnaies de tous les pays, et une Table de ces différentes monnaies.

Dans une cinquième livraison, on trouvera un Dictionnaire de toutes les espèces connues.

Cette Encyclopédie (1) monétaire est un ouvrage pour lequel je réclame beaucoup d'indulgence : il est bien dif-

---

(1) On sait que le mot Encyclopédie, dérivé du grec, signifie *cercle*, ou *réunion de connaissances*. J'ai donc pu, d'après cette définition exacte, donner le titre d'Encyclopédie monétaire à ce recueil de connaissances sur les monnaies.

ficile que, dans un travail de cette nature, il n'y ait pas quelqu'omission, quelques incorrections, peut-être même de l'inexactitude ; car, quelque pures que soient les sources où j'ai puisé, j'y ai trouvé matière à rectification, et je ne me flatte pas d'avoir tout rectifié.

En fait de science, on estime la concision ; elle m'a paru nécessaire dans un ouvrage où trop de mots pourraient faire perdre de vue les choses : il y a cependant telles parties pour lesquelles la concision, poussée à l'excès, eût pu nuire à l'intelligence ; j'ai dû sacrifier le mérite de la concision.

Réunir dans un même recueil ce qu'il y a d'intéressant dans presque tous les ouvrages qui ont traité de cet objet, c'est remplir une tâche d'utilité publique ; je pourrai ajouter à ce recueil ce qui me sera échappé dans les premières livraisons, ou d'autres pourront y suppléer, si l'âge, les forces ou les moyens s'opposent à ce que je le fasse moi-même.

ESSAI
SUR LES LOIX MONÉTAIRES,
ET PRINCIPALEMENT
SUR LES LOIX MONÉTAIRES DE FRANCE.

PAR J. P. L. BEYERLÉ.

A PARIS,

Chez MOLLER, Imprimeur, Maison des Filles-Saint-Thomas, vis-à-vis la rue Vivienne.

AN VIII.

ESSAI

SUR LES LOIX MONÉTAIRES.

JE viens fixer l'attention sur une des branches de l'économie politique, d'autant plus importante, que non-seulement elle est le fondement de tout systême de finance, que c'est par elle que l'agriculture, l'industrie et le commerce se vivifient ; mais encore, parce que les avantages qu'elle procure ne sont pas concentrés dans les seules limites d'un gouvernement quelconque, mais qu'ils sont communs et réciproques à tous les peuples entre lesquels elle établit une corrélation intime, une communication de secours, une sorte de fraternité cosmospolite; et que, sous ce dernier aspect, elle est liée au systême politique des nations. Elle est encore recommandable par ceux qui sont chargés de sa conservation, en ce qu'ils doivent avoir des connaissances peu communes, se livrer à une étude continuelle, et faire constamment une application de la combinaison de plusieurs sciences

Je parle des monnaies dont, en général, on n'apperçoit que les résultats de l'art.

De tous tems et dans tous les pays policés, on a révéré la monnaie comme une chose sacrée ; là, elle était fabriquée dans des temples ; ailleurs, des autels étaient élevés dans le local de la fabrication ; et tellement était religieuse l'opinion qu'on avait de cette sublime invention, qu'on a représenté la monnaie comme une divinité. Aussi, et notamment chez les Romains, la plus grande surveillance garantissait au public la fidélité du titre et du poids des espèces. Mais on s'est bien éloigné des sages institutions. En ne considérant que les systêmes des monnaies de la France, on voit qu'on a multiplié les loix monétaires à l'infini, et que les connaissances profondes n'ont pas toujours présidé à leur rédaction. Pour ne parler que des loix nouvelles de France, celles relatives à l'organisation, c'est-à-dire à la surveillance, sont insuffisantes ; celles relatives à la fabrication, sont incomplettes ou inéxecutées : oubliant que l'économie est une source de richesses, on a été prodigue de places inutiles et de traitemens démesurés ; ignorant que la parcimonie peut être une injustice, on a réduit le traitement d'individus recommandables par l'étendue de leurs connaissances, l'assiduité de leurs occupations, et l'importance de leurs fonctions; on a réduit leurs traitemens à la moitié de celui qu'on accorde à d'autres fonctionnaires publics dont les devoirs sont infiniment moins pénibles, et beaucoup moins importans.

Il est nécessaire d'établir le mode de surveillance le plus précis et l'économie la moins parcimonieuse; ce sera le premier objet que, sous le titre d'ORGANISATION, je vais soumettre à la méditation.

Les loix du 22 thermidor an 3e, qui ordonnent la fabrication des espèces d'or et de celles d'argent, d'un et deux francs, ne sont pas exécutées, il est urgent qu'elles le soient; mais toutes, elles exigent quelques modifications. Par exemple, aucune loi n'a prescrit la fabrication de pièces intermédiaires entre celles d'un décime et d'un franc; toutefois elles sont d'autant plus indispensables, que celles de six et de 12 sous, non-seulement n'ont plus d'empreintes ni de poids légal, mais qu'étant en opposition de titre, de poids et de valeurs avec le nouveau systême, tant monétaire que décimal, elles sont une monstruosité dans le systême organique; monstruosité qu'il est instant de faire disparaître ; ce sera le sujet de la seconde partie de ces observations, sous le titre : FABRICATION.

Le tarif du prix des matières d'or et d'argent est un objet des plus importans, non-seulement pour le commerce, mais encore pour l'alimentation des atteliers monétaires; notre tarif actuel n'étant plus admissible, il est urgent d'en rédiger un autre; ce sera un objet de méditation auquel je consacrerai la troisième partie de cet essai, sous le titre: TARIF, etc.

Enfin, les monnaies étant un intermédiaire, au moyen duquel on détermine et solde la valeur de tout ce qui est à vendre dans tous les pays commerçans, cependant les monnaies variant de titre et de poids dans ces différens pays, il importe essentiellement au gouvernement et au commerce, de quelque nation que ce soit, de connaître légalement la correspondance des monnaies des différens peuples; j'en présenterai les moyens dans une quatrième partie, dans laquelle j'établirai qu'il est digne du gouvernement d'une grande nation de travailler pour l'avantage de tous les Peuples.

PREMIÈRE PARTIE.

Organisation Monétaire.

L'ORGANISATION monétaire, qui semble n'être relative qu'à la surveillance à exercer sur la fabrication, s'occupe aussi de l'économie à mettre dans cette partie, et des rapports politiques réciproques des nations diverses, sur lesquels elle fixe l'attention du monétaire, du législateur, et de l'administrateur.

SECTION PREMIÈRE.

Surveillance.

On a choisi pour matières des monnaies, deux métaux précieux, l'or et l'argent (1); la valeur de ces métaux varie, tant en raison de

(1) Je ne parle pas des monnaies de cuivre qui ne sont qu'un signe subsidiaire auquel on peut néanmoins appliquer ce qui sera dit sur les monnaies d'or et d'argent.

ce qu'ils sont plus ou moins purs, c'est-à-dire, alliés ou non à des métaux imparfaits, qu'en raison de leur pesanteur : ainsi, c'est de la combinaison du degré de pureté et de pesanteur que se détermine la valeur d'une espèce de monnaie.

Le degré de pesanteur peut se connaître à l'aide d'une balance, ce qui toutefois serait trop incommode pour le commerce journalier ; quant au degré de pureté, il échappe à l'œil ; pour le découvrir, il faut un genre d'expériences qui, exigeant des connaissances physiques, minéralogiques et chimiques, n'est pas à la portée de tous les hommes ; c'est pourquoi les gouvernemens ont fait fabriquer des espèces dont le titre, le poids et la valeur sont déterminés : mais comme un fabricateur pourrait tromper sur le titre et le poids, on a établi sur ses opérations une grande surveillance. J'observe à cet égard que puisque c'est le gouvernement qui garantit aux nations la vérité du titre et du poids de ses espèces, il faut que la chaîne de surveillance soit telle, que le premier anneau touche au fabricateur, et que le dernier soit dans les mains du gouvernement.

En méditant sur nos loix françaises actuelles,

je vois que, non-seulement la chaîne de surveillance est interrompue, mais encore que le premier et le dernier anneau de cette chaîne manquent.

1°. La première des opérations, en fait de fabrication de monnaies, est celle de la recette des matières. Or, la loi du 22 vendémiaire an 4 n'établit aucune surveillance sur cette opération; et, quoique les registres du caissier doivent être cottés et paraphés par le commissaire national; quoique ce commissaire soit tenu d'envoyer, chaque décade, des bordereaux de situation de la caisse, et qu'il doive arrêter, tous les mois, les registres de ce caissier (art. 21 de la loi), rien n'assure que ce caissier a inscrit, a mis dans sa caisse, toutes les matières qu'il a reçues. Autrefois, le directeur était chargé de la caisse; mais il ne pouvait recevoir des matières qu'en présence d'un surveillant, appelé contrôleur-contregarde; et ce surveillant devait tenir un registre semblable à celui du directeur, dont il était le contrôle (édit de 1696. Art. 13) : ainsi, déjà, le premier anneau de la chaîne de surveillance manque.

2°. La même loi du 22 vendémiaire laisse

le directeur maître de ses fontes et alliages (art. 34); et personne n'a le droit de surveiller ses laboratoires. Ainsi, un directeur peut faire des fontes clandestines à faux titre, qu'il ne lui sera peut-être pas très-difficile de convertir en monnaies. Autrefois, le contrôleur surveillait les fontes du directeur et tous ses laboratoires (anciennes ordonnances, et édit de 1702. Art 2). Il devait y être présent, en tenir registre : deuxième défaut de surveillance.

3°. On se contente aujourd'hui de la surveillance du commissaire national, sur la remise des espèces nouvellement fabriquées, c'est-à-dire, sur la délivrance (art. 88, 89 et 90). Plus scrupuleuses, nos anciennes loix exigeaient le surcroît de vigilance du contrôleur-contregarde (ordonnances de 1554, 1586, édit de 1696, etc.); et telle était la surveillance que devait exercer ce fonctionnaire, qu'il avait une *inspection générale sur tout le travail des monnaies* (art 2. Edit de 1702), et même sur les juges-gardes, dont les fonctions, relatives à la fabrication, étaient d'assister aux affinages, essais, pesées des matières à fabriquer et fabriquées, surveiller toutes les opérations et les ouvriers, assister au monnayage, etc. (ordonnances de 1540, 1554,

1555, 1577, 1689, 1702). Voilà donc encore plusieurs chaînons de surveillance perdus.

4°. C'est le commissaire national qui cotte et paraphe les registres des fonctionnaires des monnaies ; ainsi, avec un peu d'intelligence avec ces fonctionnaires, ou même de condescendance, on peut changer les registres, et faire disparaître des dilapidations qui se seraient commises : c'est l'administration des monnaies qui doit cotter et parapher les registres. Nouvel anneau qui manque à la chaîne.

5°. Si, des ateliers de fabrication, l'on passe à l'administration générale, on voit, 1°. que la garantie nationale, relative au titre des espèces, s'établit d'après leur essai, fait par des essayeurs particuliers, dans le laboratoire et sous la surveillance de l'inspecteur des essais : ainsi, l'administration des monnaies garantit le titre des espèces, non d'après sa connaissance intime, mais d'après le rapport d'un fonctionnaire, dont la surveillance n'est pas surveillée. Autrefois, la cour des monnaies faisait constater le titre ; mais c'était en présence d'un membre de cette cour, que se faisaient les essais ; il en avait la confiance; il la représentait : c'est pourquoi cette compagnie pouvait garantir l'exactitude des opérations, la sincérité du rapport, et la vérité du titre. C'est donc un membre de l'administration qui devrait surveiller l'expérience des essais; il y a donc encore ici une interruption de la chaîne de surveillance.

6°. L'administration des monnaies a des devoirs à remplir; rien ne garantit au gouvernement qu'elle s'en acquitte. L'art. 147 de la constitution de l'an 3, voulait qu'il y eût un commissaire du gouvernement près de toutes les administrations, pour surveiller l'exécution des loix, et en rendre compte au gouvernement: si ce fonctionnaire public existait, le dernier anneau de la chaîne, l'anneau le plus important, serait dans les mains du gouvernement: mais il n'y est pas.

7°. Si la surveillance est indispensable, il l'est également, pour être assuré qu'elle existe avec fruit, que celui qui l'exerce soit instruit de tout ce qui est relatif à l'objet dont le soin lui est confié: ce principe est constant. Passons à l'application.

Il faut d'abord observer qu'il n'en est pas de l'administration monétaire, comme des autres administrations du département des finances. De plus que celles-ci, 1°. elle exige la connaissance de plusieurs genres de sciences;

2°. elle ne surveille pas seulement la fabrication des monnaies françaises, elle porte ses regards sur les fabrications des monnaies des peuples avec lesquels nous sommes en relation de commerce: il faut conséquemment connaître les principes et les résultats divers de la science et de l'art monétaires; et, jusques dans la comptabilité, il y a cette différence, qu'indépendamment des calculs en numéraire, il y en a qu'on pourrait appeler métalliques, qui dépendent de la pesanteur et du degré de pureté des matières monétaires. On doit donc diviser la science monétaire en science politique, en art fabricatif, et en comptabilité. La science politique exige la connaissance 1°. des loix monétaires des différens peuples commerçans; 2°. de leurs échelles de titre, c'est-à-dire, la manière dont ils évaluent le degré de pureté de l'or et de l'argent; 3°. de leur poids de monnaie, quant à leurs divisions et quant à leur rapport avec le poids national; 4°. des monnaies diverses de ces peuples; 5°. des calculs relatifs à la pureté et à la pesanteur des espèces, afin de pouvoir établir le pair des monnaies entre elles.

L'art fabricatif exige la connaissance de tout ce qui est relatif à la fabrication, la physique, la mécanique, la métallurgie, la docimasie, les principes de l'art du dessin et de la gravure monétaires.

La comptabilité exige la connaissance du genre de calculs indispensables pour établir la valeur des métaux précieux, d'après leurs différens degrés de pureté.

Cela posé, nul ne devrait être admis à remplir une fonction dans les monnaies, qu'il n'ait les qualités requises : le directeur de monnaies doit connaître, et l'art fabricatif, et la science des calculs monétaires; les surveillans immédiats de ce directeur doivent connaître les loix monétaires relatives à l'organisation et à la fabrication.

Les administrateurs des monnaies doivent posséder toutes les connaissances relatives à la politique, à la fabrication et à la comptabilité des monnaies; mais, comme il est peu probable qu'un seul individu réunisse toutes ces connaissances, il faut adopter le systême de trois administrateurs, dont un soit instruit dans la partie politique, un second dans la partie fabricative, le troisième dans la partie de la comptabilité : alors, la surveillance pourra être exercée de manière à obtenir la confiance du gouvernement, du public et de tous les peuples.

8°. Puisque la comptabilité monétaire est absolument différente de celle de toutes les autres branches d'administration, qu'il est indispensable que l'administration des monnaies en connaisse les principes, la surveillance, à cet égard, doit être confiée à l'administration des monnaies. C'est donc à tort qu'en France, on a, par les dernières loix, attribué à la trésorerie nationale la préparation et vérification des comptes monétaires; les comptes devraient être vérifiés par l'administration des monnaies, et par elle corrigés pour être soumis à l'appurement des commissaires de la comptabilité : le travail s'en ferait avec plus d'activité, et les comptes seraient, à-coup-sûr, surveillés avec plus d'intelligence.

9°. On s'était persuadé que, s'il n'y avait qu'un seul graveur pour toutes les monnaies, les empreintes seraient plus identiques, et qu'il y aurait économie : en conséquence, on a supprimé tous les graveurs particuliers des monnaies; mais, 1°. on n'a pas fait attention qu'un seul graveur ne pouvait pas suffire à fournir tous les carrés et coussinets nécessaires aux monnaies, qu'il serait obligé d'employer des aides, et que son intérêt le déterminera vraisemblablement à choisir ceux qui travailleraient au plus bas prix : ainsi, différence de mains et de talens ; ainsi, et l'expérience l'a prouvé, il n'y a plus d'identité ; 2°. l'envoi de tant de caisses, par tant de routes, fournit trop d'occasions aux malveillans de s'emparer de quelqu'envoi pour fabriquer des fausses monnaies : voilà donc encore la surveillance en défaut. Quant à l'économie, les frais d'emballage et ceux de port sont un surcroît de dépense. D'un autre côté, le moindre défaut de trempe des carrés devient à charge, non au graveur unique, mais au gouvernement.

Le gouvernement a acheté, du C. Droz, le procédé pour rendre les carrés absolument identiques : on a négligé, jusqu'à ce jour, d'en faire usage, quoique son utilité ait été démontrée. Ce procédé peut être employé dans tous les hôtels des monnaies ; il peut même l'être par ces repolisseurs de carrés qu'on est obligé d'employer et de payer dans tous les ateliers monétaires. La surveillance, l'identité de types et l'économie prescrivent le rétablissement des graveurs particuliers dans les hôtels des monnaies ; et que le graveur général ne fasse plus que les poinçons et les matrices originales : il pourra, à la vérité, être chargé de la fabrication des carrés de la monnaie de Paris.

SECTION VI.

Économie.

Nos loix monétaires, trop généreuses et même prodigues, augmentent nécessairement les frais de fabrication, qu'il est important de diminuer, si l'on veut que la valeur légale des monnaies ne s'éloigne pas trop de leur valeur intrinsèque.

Il y a prodigalité dans le nombre des fonctionnaires; il y a prodigalité dans le traitement.

ARTICLE PREMIER.

Prodigalité dans le nombre des Fonctionnaires.

1°. La commission des finances de l'assemblée constituante opinait pour qu'il n'y eût qu'un administrateur général des monnaies : elle s'appuyait vraisemblablement sur ce qu'autrefois il n'y avait en France qu'un directeur général, sur ce qu'il n'y en a qu'un dans tous les gouvernemens connus. Mais, si l'on fait attention à toutes les connaissances qu'exige ce genre d'administration, combien il est difficile d'espérer qu'un seul individu les réunisse! qu'il est, au contraire, très-probable qu'on trouvera trois individus, dont l'un possédera la partie politique, le second la partie fabricative, le troisième la partie de la comptabilité, il paraîtra préférable de conserver trois administrateurs, d'autant plus que cette administration remplace l'ancienne cour des monnaies, pour la partie de la vérification du titre des espèces.

2°. Le systême de trois administrateurs des monnaies adopté, leurs fonctions déterminées et réparties, il suit que l'un des administrateurs doit assister à la vérification du titre des espèces, qui doit se faire par deux essayeurs, sous la surveillance d'un essayeur général; conséquemment, que la place d'inspecteur des essais est une prodigalité, et que sa suppression procurera une économie de 6,000 fr.

3°. Les directeurs des monnaies devraient être chargés des constructions, entretien et réparations de toutes les machines : alors, la place, très-nouvelle, d'artiste mécanicien devient inutile. Si l'on considère le peu de fruit qu'on a obtenu de ce changement dans l'ordre des choses, les dépenses énormes qu'il a occasionnées inutilement, on sera convaincu que la suppression de cette place produira une économie de 5,000 francs par année, et celle bien plus considérable résultant d'innovations infructueuses.

4°. Autrefois, les directeurs des monnaies étaient en même-tems caissiers ; et le public avait, dans ces directeurs, une confiance qu'il n'a pas dans la plupart des caissiers actuels. D'un autre côté, la surveillance à établir sur les directeurs dispense d'avoir des caissiers qui peuvent entraver le travail, pour peu qu'il y ait de mésintelligence entre ces deux fonctionnaires : ainsi, les caissiers des monnaies sont des êtres plus qu'inutiles, économie de cinquante autres mille francs.

5°. On voit sur l'état des employés à la monnaie de Paris, un commis aux domaines, au traitement de 2,000 fr. Fabrique-t-on de la monnaie avec des diamans ? Si les diamans font partie des richesses du trésor public, c'est au trésor national, aux administrateurs des biens nationaux à se charger de la garde des diamans, et non à l'administration des monnaies.

ARTICLE II.

Prodigalité dans les traitemens, et fixation de leur juste proportion.

1°. Si l'on fait attention 1°. qu'avant 1791, les fonctionnaires des hôtels des monnaies n'avaient point de traitement fixe, mais seulement des gages qui étaient l'intérêt, à moins de trois pour cent, de la finance de leurs offices, et qui s'élevaient à moins de 1,200 f.; 2°. qu'en 1792, on ne fixa le traitement des directeurs que de deux mille quatre cens à quatre mille livres, celui des commissaires (non compris celui de Paris) de deux mille quatre cens à trois mille livres, et leurs adjoints de 1,600 à 2,000 liv., on trouvera de la prodigalité dans des traitemens de 4,000 f. pour les directeurs, et de 5,000 f. pour les commissaires.

2°. Il n'y avait pas de caissier, et on en a établi avec un traitement de 5,000 fr., et dont les frais de bureau s'élèvent a 36,450 f.

3°. Il faut distinguer le traitement, qui est purement honorifique, d'avec le salaire, qui est une rétribution proportionnée au travail; c'est la raison pour laquelle un directeur, qui a un traitement, a en outre une rétribution véritablement proportionnée à son travail, puisqu'on lui accorde une remise par kilogramme d'espèces fabriquées. Pourquoi le commissaire, dont les fonctions sont d'autant plus pénibles, et le travail d'autant plus considérable, que la fabrication est plus active, n'est-il pas salarié à raison de son travail? Il résulte qu'il n'a pas d'intérêt à l'activité de la fabrication, et qu'il n'a d'autre stimulant que son devoir; or, ne sait-on pas combien peu on doit compter sur l'énergie de ce genre de stimulant.

On pourrait réduire le traitement des directeurs à 2,400 fr.; et en ajoutant à leurs droits de fabrication, 47 centimes par kilogramme des espèces d'or et d'argent, ainsi qu'on l'avait proposé au 30 fructidor an 4, en accordant moitié pour celles de cuivre, les directeurs seraient chargés de l'entretien des machines et des bâtimens à leur usage, sauf les grosses réparations de ceux-ci

A l'égard des commissaires nationaux, on

leur attribuerait un pareil traitement, et un salaire de 7 centimes par kilogramme d'espèces d'or fabriquées, moitié pour celles d'argent, et le quart pour celles de cuivre ; ils seraient chargés des frais de comptage, objet d'économie.

4°. Il est facile de déterminer, d'après les mêmes bases, les traitemens et salaires à accorder aux autres fonctionnaires des monnaies. On allouerait au contrôleur au change un traitement de 1,500 liv., et pour salaire, 4 centimes par kilogramme d'epèces d'or passées en délivrance ; moitié pour celles d'argent, et $\frac{1}{4}$ pour celles de cuivre : ce qui remplacerait le droit qu'avait ce fonctionnaire, à savoir, de 4 deniers par marc d'or, et 2 deniers par marc d'argent apporté au change. Et comme ce contrôleur aiderait le commissaire national dans ses fonctions, et qu'il le remplacerait en cas d'absence ou de maladie, au premier cas, le commissaire national lui répartirait le cinquième de son salaire ; au second cas, le contrôleur aurait le salaire en entier. Cet ancien usage est dicté par la justice.

Le traitement du contrôleur au monnayage serait réduit à 1,000 liv., et il aurait un salaire de deux centimes par kilogramme des espèces d'or, d'un centime pour celles d'argent, et de moitié pour celles de cuivre.

5°. Le graveur n'aurait point de traitement, parce qu'il n'a pas de surveillance, mais seulement un salaire qui serait de 15 centimes par kilogramme des espèces d'or, des $\frac{2}{3}$ pour celles d'argent, et d'un tiers pour celles de cuivre; ce prix est d'un quart plus faible que celui qu'on allouait en 1786, parce que le procédé du citoyen Droz réduit la dépense de ce genre de travail.

6°. Si l'on supprime la place d'inspecteur des essais, et qu'on rétablisse celle d'essayeur-général, titre qui, dans tous les tems, a inspiré et inspire encore la plus grande confiance, on pourrait lui accorder le traitement de 3,000 liv. qu'on avait attribué, en 1792, à l'inspecteur-général des essais, et à chacun des essayeurs, 2,400 liv., comme il avait été accordé à l'essayeur de la Monnaie de Paris à la même époque.

7°. Les fonctions des administrateurs des monnaies ne pouvant être remplies que par des personnes ayant toutes les connaissances monétaires, exigeant en outre une étude continuelle, parce qu'il arrive continuellement des changemens dans les monnaies étrangères;

enfin, le travail de ces administrateurs étant plus considérable et plus pénible que celui des administrateurs des autres parties du gouvernement, pourquoi ont-ils un traitement de moitié moindre que celui de ces autres administrateurs? Il est juste de le porter à la même élévation. Celui du commissaire du gouvernement près de cette administration serait le même.

Le traitement des employés du bureau de l'administration pourrait être réduit; à savoir, celui de chef, à 4,200 liv., eu égard au logement qu'on peut leur accorder, et les autres employés en proportion.

SECONDE PARTIE.

De la fabrication des espèces d'or et autres.

UNE loi du 28 thermidor an 3 avait décrété la fabrication d'une monnaie d'or. Une autre loi du même jour avait décrété la fabrication de pièces d'un, deux et cinq francs; enfin, une loi du 8 frimaire an 4 avait ordonné que la fabrication des espèces d'or, d'argent et de cuivre, serait activée par tous les moyens possibles.

On n'a point encore fabriqué de pièces d'or, et l'on n'a fabriqué que des pièces de 5 francs.

Le pié de ces monnaies a été combiné d'après le nouveau systême des poids et mesures, et d'après les divisions décimales. Ces loix exigent quelques modifications et changemens; et, d'abord, quant aux empreintes, puis quant aux pièces de subdivision de la pièce de 5 francs, et enfin quant aux pièces d'or.

SECTION PREMIÈRE.

Des Empreintes.

Ce qui a été dit par le ministre des finances (Ramel), dans son rapport du mois de germinal de l'an 5, dispense de parler de la ridicule et indécente empreinte de nos pièces de cinq francs, qui, d'ailleurs, n'est ni dans le style monétaire, ni analogue à une monnaie française. Elle n'est pas dans le style monétaire; ce style rejette les figures de face et la multiplicité des figures. L'empreinte n'est pas analogue à une monnaie française; cet Hercule tant indécent, que rien ne caractérise, n'est pas plus l'Hercule français que l'Hercule russe.

Autrefois, le coq et les fleurs-de-lys étaient des emblêmes caractéristiques de la France; l'ignorance s'est persuadée que ces fleurs-de-lys appartenaient aux rois des Français, et en les a proscrites (1). Il nous faut un emblême;

(1) On sait qu'il y a eu trois races de rois en France; que Pepin, chef de la seconde race, n'était que maire du palais, et qu'il se fit élire roi de

celui de nos ancêtres les Gaulois était un cheval libre, et en pleine course, avec une étoile.

France dans une assemblée générale tenue à Soissons en 751 ; que le premier roi de la troisième race fut Hugues-Capet, fils de Huges-le-Grand, duc de France, qui fut élu en 987, parce qu'on ne voulut pas laisser la couronne à Charles, oncle de Louis, dernier des rois de la seconde race, parce qu'il s'était rendu vassal de l'empereur Othon, qui lui avait donné la Lorraine.

On sait aussi que, sous les deux premières races, on ne mettait pas d'armoiries sur les monnaies, et que ce fut sous Louis VI que parut la première monnaie où l'on vit d'un côté un écusson fleurdelisé, qu'alors parurent aussi les florins ou deniers à la fleur-de-lys; sous Philippe-Auguste et ses successeurs, on vit les fleurs-de-lys sur presque toutes les monnaies; mais ce n'était pas là les armes de la famille des rois de France ; c'était le signe caractéristique des monnaies françaises. La fleur-de-lys était l'ornement du sceptre, comme de la couronne. Blanche de Castille, mère de Louis IX, fit frapper des monnaies, comme régente du royaume, et ces pièces portent l'ornement des fleurs-de-lys. Anne de Bretagne, qui fut depuis femme de Louis XII, fit fabriquer des écus d'or en 1498, avant son mariage, étant veuve de Charles VII, et son vêtement est mi-partie des armes de France et de Bre-

Un astre est un bel emblême ; un soleil, par exemple, au centre duquel serait la lettre initiale du mot France, et qui darderait ses rayons vers un cercle d'étoiles placées à la circonférence de l'écusson, indiquerait le gouvernement français qui surveille tous les départemens de la France, et les féconde par la chaleur de ses rayons; pour rendre l'empreinte de nos monnaies plus agréable et allégorique, on pourrait représenter Minerve, ayant au bras le bouclier des armes de France ; le cimier de son casque serait, au lieu d'une chouette, le coq, qui est un des emblêmes de la France; on y ajouterait des attributs de commerce pour lequel les monnaies sont faites; le vêtement de Minerve serait semé ou bordé d'étoiles; Minerve, comme déesse de la sagesse, des sciences et de la guerre, est un emblême qui convient à un peuple vaillant dans les combats ; qui cultive, avec tant de succès, les sciences ; qui aspire à la sagesse, et veut qu'elle

---

tagne. Les fleurs-de-lys sont donc les armes de France, et non des rois de France ; de même que l'aigle est l'emblême de l'Empire Germanique, et non de l'empereur d'Allemagne.

préside à sa régénération, comme dans les conseils de son gouvernement.

On a adopté la couronne de chêne pour nos monnaies ; le chêne n'a aucun rapport ni aux finances ni au commerce ; il est consacré aux récompenses civiques. Que l'olivier soit adopté, on le conçoit, il est le symbole de la paix, tant nécessaire pour la prospérité du commerce ; qu'on y joigne le peuplier, c'est l'arbre du peuple pour lequel les monnaies sont faites : mais il faut confier aux magistrats les couronnes de chêne à distribuer au civisme, ou celles de laurier à poser sur la tête de nos guerriers.

SECTION II.

Subdivisions de la Pièce de cinq francs.

1°. La pièce de cinq francs n'est pas l'unité monétaire, c'est la pièce d'un franc ; c'est le vœu de plusieurs loix, et notamment de celle du 28 thermidor an 3, qui en détermine le titre et la pesanteur. La même loi veut qu'on fabrique des pièces de deux francs ; et cependant on n'a pas encore fabriqué de ces pièces qui doivent remplacer les pièces de 24 sous et de 3 livres de l'ancien systême; il est d'autant plus urgent de procéder à ce genre de fabrication, qu'il faut faire cesser cette monstruosité monétaire, qui met en opposition un systême monétaire avec une monnaie discordante avec ce systême, monnaie qui porte avec elle son jugement de proscription, en ce que la majeure partie de ces pièces n'a plus d'empreintes, signes caractéristiques des monnaies, signes indispensables.

2°. La distance de valeur de nos pièces d'un franc à celles d'un décime indique la nécessité d'avoir des pièces intermédiaires du franc au décime, ce que nos loix n'ont pas encore ordonné, et l'on est d'accord qu'il faut des pièces de demi-franc ou de cinq décimes et au-dessous, des pièces de 25 centimes ou de deux décimes, pour mieux conserver le systême décimal.

Ces pièces seront d'un usage très-actif, et seront soumises à la plus grande action du frai, c'est-à-dire, de l'usement: si on les fait d'argent au même titre que nos pièces de 5 francs, il en résultera une grande déperdition de matière fine; tandis qu'en diminuant le titre à

500 millièmes (6 deniers ou au-dessous), ce qui rend le métal plus dur, la perte sera non-seulement de plus de moitié moins, mais encore la dureté du métal opposera plus de résistance à l'action du frottement, et conséquemment au frai. D'un autre côté, si l'on sent la nécessité du retirement des anciennes pièces de deux sous et de six liards de billon, on concevra qu'on ne pourra faire usage de l'argent caché dans ces pièces, sans les affiner, et les frais d'affinage absorberont presque la valeur de l'argent ; tandis qu'en se servant de ces pièces, pour l'alliage de celles de deux et de cinq décimes, on bénéficie de ces frais d'affinage ; on n'éprouve presqu'aucun déchet sur l'argent de ces pièces, et l'on en conserve tout le cuivre qui serait nécessairement perdu par l'affinage. Il faut donc que nos fractions du franc, c'est-à-dire, les pièces de deux et de cinq décimes, soient au titre de 500 millièmes, ou plutôt de la moitié de celui des pièces de 5 francs, et qu'on y emploie pour alliage les pièces de six liards et de deux sous, dont on ordonnera le retirement pour leur valeur intrinsèque de 41 fr. 88 cent. le kilogramme : ces pièces étant à 2 deniers 8 grains (194 millièmes).

SECTION III.

Des Pièces d'or.

1°. Une loi du 28 thermidor an 3 prescrit la fabrication d'une pièce d'or du poids de dix grammes, et au titre de 900 millièmes, ou d'un dixième d'alliage.

Cette loi n'a pas encore été exécutée; il est tems qu'elle le soit : mais j'observe que le type présente deux figures, et que le style monétaire doit être plus simple. Pourquoi ne pas adopter l'uniformité d'empreintes? ou, si l'on veut que les pièces d'or aient un type différent que celles d'argent, pourquoi ne pas consacrer les pièces d'or à la mémoire des évènemens mémorables de la nation française? Ce serait une collection historique, dont nos descendans recueilleraient de grandes instructions, et l'histoire, d'irrécusables documens.

On a donné à la pièce d'or la dénomination de franc d'or. Il a été observé que son titre était à 900 millièmes; c'est le même que celui pour l'argent; et, à cet égard, le système d'uniformité est conservé : mais, quant à son poids, on s'est écarté de ce système, puisque le franc d'argent ne pèse que cinq grammes, et qu'on élève le poids du franc d'or au double. La valeur de ce franc d'or sera encore plus discordante avec le système, puisqu'on a abandonné la division décimale; car le franc d'or vaudra 31 francs. Il est vrai qu'il est impossible de conserver, pour la pièce d'or, le système décimal, sous les trois rapports de titre, de pesanteur et de valeur : or, puisqu'il faut s'en écarter, il se présente la question de savoir si ce sera le titre, la pesanteur ou la valeur, qui sera sacrifiée.

Quant au titre, il n'est pas douteux qu'il faille conserver le même que celui adopté pour l'argent : la discussion ne doit conséquemment subsister qu'entre le poids et la valeur.

Si l'on veut abandonner la valeur à la fluctuation du commerce et aux manœuvres de l'agiotage, la question est décidée contre la moralité et l'avantage des calculs commerciaux. Mais, si l'on considère qu'il est indispensable qu'une monnaie, ou une pièce servant de monnaie, aie une valeur légale pour la facilité des opérations commerciales, alors la question se réduit à ce point de fait : Est-il plus commode d'avoir une monnaie de 31 liv., qu'une monnaie de 10, de 20 ou de 50 francs, qui présente les rapports du calcul décimal. Si, comme on ne saurait le nier, ce genre de monnaie est plus à la portée de l'intelligence de l'homme même ininstruit, ce sera celui qu'il semble qu'on devra adopter; et si l'on observe, de plus, que le franc d'or devient le double de la pièce de 5 francs, ce rapprochement fera encore pencher la balance en sa faveur. Enfin, si l'on considère qu'on pourra fabriquer des pièces d'or d'un, de 2 et de 5 francs, et qui vaudront 10, 20 et 50 francs d'argent, on concevra combien les calculs de caisse deviendront simples et expéditifs; ce qui n'est pas à dédaigner. C'est d'après ces considérations que je proposerai un plan de systême de fabrication, qui offrira la plus grande uniformité, puisqu'on y trouvera :

1°. Des pièces de 1, 2 et 5 centimes en *cuivre;*

2°. Des pièces de 1, 2 et 5 décimes en *haut billon ;*

3°. Des pièces de 1, 2 et 5 francs d'*argent ;*

4°. Des pièces de 1, 2 et 5 francs d'*or;* lesquelles dernières pièces s'uniront décimalement, ou plutôt décuplement, aux espèces d'argent.

On pourrait faire valoir la diminution des frais de fabrication, et d'autres considérations sur lesquelles le tems ne permet pas de s'étendre.

Si ce travail est accueilli, j'en présenterai un autre sur la possibilité de procéder sans secousse, et de terminer, dans moins de cinq années, la refonte des espèces par livres et sous, pour qu'il n'existe qu'une sorte d'unité monétaire. Quant à présent, l'objet le plus urgent, est celui de la surveillance et de la fabrication des monnaies, dont on a le plus besoin.

Un objet non moins important à considérer, c'est la nécessité d'un nouveau tarif des valeurs des espèces et matières d'or et d'argent.

TROISIÈME PARTIE.

Tarif d'évaluation des matières et espèces d'or et d'argent.

JE ne parlerai pas de la nécessité d'un tarif d'évaluation du prix des matières, et espèces d'or et d'argent; ce qui est d'une notoriété générale, n'a pas besoin d'être démontré. Mais il est indispensable de développer les motifs qui exigent la formation d'un nouveau tarif pour la France.

La loi du 17 floréal an 7 ayant ordonné que toutes stipulations et comptes de valeurs numéraires, pour le service public, ne pourront être énoncés qu'en francs et décimales du franc, et abrogeant conséquemment le compte par livre tournois, le tarif actuel (du 26 pluviôse an 2) de la valeur des matières et espèces d'or et d'argent, qui est évalué en livres, ne peut plus servir. Il est de la plus grande urgence de procéder à la rédaction d'un nouveau tarif énoncé en francs, afin de dégager la comptabilité des monnaies de difficultés inextricables résultantes d'une diversité de mesures, soit de poids, soit de valeur, et sur-tout pour faciliter les moyens d'alimenter la fabrication des ateliers monétaires, de matières d'or et d'argent : car l'incertitude sur la véritable valeur des matières, s'oppose à ce qu'on porte des matières aux hôtels des monnaies.

S'il ne s'agissait, pour rectifier le tarif actuel, que de convertir les livres tournois en francs, encore faudrait-il s'assurer de l'exactitude des calculs qui ont servi de base à la loi du 25 germinal an 4, qui fixe la valeur de la pièce des francs à 5 livres 1 s. 3 d. (*a*); mais il faut faire attention 1°. que la loi du 19 frimaire dernier ayant adopté le kilogramme définitif qui a été déposé dans les archives nationales par les savans qui ont concouru à sa détermination, ce kilogramme se trouvant plus faible de 743 milligrammes $\frac{6128}{10000}$ (14 grains) que le kilogramme provisoire, le tarif à faire demanderait un travail nouveau, en raison de la différence de pesanteur des deux kilogrammes.

(*a*) Il ne serait pas étonnant qu'on se fût trompé. Voyez la note 1re à la fin de la quatrième partie.

2°. Il est aussi très-essentiel d'observer qu'en comparant les valeurs du tarif du 26 pluviôse an 2 aux résultats de la fabrication des pièces de 5 francs, on trouve une différence de 2 $\frac{6412}{10000}$ pour cent, qui tourne au profit du gouvernement (*a*); et qu'en déduisant encore un pour cent du prix du tarif, pour se conformer à l'article IV de la loi du 16e jour du 1er mois de l'an 2, qui ordonne cette retenue, il se trouve que la retenue, pour frais de fabrication et d'administration, s'élèverait à 3 et près de $\frac{2}{3}$ pour cent; ce qui serait beaucoup trop. Il est conséquemment impossible de corriger le tarif, par la seule conversion des livres en francs.

L'administration des monnaies, avec l'approbation du ministre des finances, desirant activer la fabrication, avait statué que le tarif du 26 pluviôse serait considéré comme énoncé en francs, et en conséquence les caissiers des monnaies payaient la valeur des matières portées au change d'après le tarif, mais la livre

(*a*) Ce n'est pas un bénéfice réel pour le gouvernement, mais une retenue pour subvenir aux frais de fabrication, d'entretien et de surveillance.

considérée comme franc, sous la déduction d'un centième pour les matières d'argent; la trésorerie nationale a approuvé cette mesure. On se gardera bien de critiquer ce qu'elle présente d'irrégularité, si l'on réfléchit 1°. que c'est à elle seule qu'on doit l'apport des matières aux monnaies; 2°. que cette mesure présente encore une retenue de $2 \frac{61815}{1000000}$ pour cent sur la fabrication des pièces de 5 francs, et il sera prouvé, dans un instant, que la retenue de 2 et $\frac{62}{100}$ pour cent est indispensable pour subvenir aux frais de fabrication.

Il n'y a pas de méthode plus sûre pour déterminer en ce moment la véritable valeur des matières, que de réunir la valeur ou le montant des frais de fabrication et de surveillance avec la valeur de la matière, de manière à ce que la valeur légale de la monnaie soit au niveau des deux autres sommes.

Or, il a été démontré dans un rapport de la commission des monnaies, fait au conseil des Cinq-Cents le 30 fructidor an 4, que les frais d'administration, d'entretien et de fabrication des monnaies s'élèvent à $2 \frac{61}{100}$ pour cent, mais on n'y a pas calculé certains loyers de bâtimens ou d'habitation, qui ont lieu depuis long-tems pour la monnaie de Lyon, et depuis peu pour la monnaie de Bayonne, qui élèveraient la dépense au moins à $\frac{1}{100}$ pour cent ; ainsi, l'on doit fixer la retenue à 2 $\frac{6}{100}$ pour cent, ce qui se rapproche des calculs de l'administration des monnaies.

C'est d'après cette base qu'on pourra fixer la valeur du kilogramme d'argent fin à 216 francs 40 centimes.

En effet, si le kilogramme d'argent fin vaut 216 francs 40 centimes, le kilogramme au titre de la pièce de 5 francs ou à 900 millièmes, vaudra. . . . . 194 fr. 76 c.

Le kilogramme de pièces de 5 francs contient 40 pièces qui, à 5 francs, valent. 200

Donc il y a une différence de 5 fr 24 c.

Ces 5 francs 24 centimes pour 200 francs, donnent pour 100 francs, 2 francs 62 centimes, ou 2 et 62 pour cent.

Dans ce calcul, on ne trouve aucune fraction ; ce qui simplifie la comptabilité.

Si l'on adopte cette proposition, la valeur du kilogramme d'or sera bien facile à établir. Il suffira de déterminer la proportion qui doit exister entre l'or et l'argent. Or, quand bien même on ne partirait pas de l'article Ier de la déclaration du 30 octobre 1768 (a), qui fixe cette proportion à 15 $\frac{1}{2}$, c'est-à-dire, qu'un kilogramme d'or vaut 15 $\frac{1}{2}$ kilogrammes d'argent; on devra s'en rapporter au commerce, qui a tant d'intérêt à fixer cette proportion; or les députés des principales villes de commerce de la France, convoqués par le ministre Ramel, ont été d'avis de conserver cette proportion, contre l'opinion de ce ministre, qui voulait la porter de 1 à 16. Si, d'un autre côté, on consulte les proportions des peuples avec lesquels nous avons le plus de relations de commerce, on trouvera que c'est la proportion la plus générale, et conséquemment la plus admissible.

Cette proportion ainsi déterminée, le kilogramme d'or vaudra 3,354 francs 20 centimes.

Il sera, d'après ces évaluations, très-facile de rectifier le tarif du 26 pluviose. Toutefois, il est important d'observer; 1o. qu'il y a des espèces qui, dans ce tarif, sont portées à un

---

(a) Voyez la note 2e.

titre supérieur au véritable titre actuel, ou, pour mieux dire, à celui trouvé par des essais particuliers, et conséquemment non légaux, dont il faudra en conséquence revérifier le titre; 2°. qu'il y a beaucoup de pièces nouvellement fabriquées dans les gouvernemens étrangers, dont il sera également nécessaire de constater le titre véritable. Ces expériences n'apporteront point ou très-peu de retard à la confection du nouveau tarif (*a*).

(*a*) On trouvera, sous la note 3, une table d'évaluation du prix du kilogramme d'or et d'argent à tous les titres.

QUATRIÈME PARTIE.

Des Monnaies considérées philosophiquement et politiquement.

J'ENTREPRENDS une tâche qui ne paraîtra étrangère au systême monétaire, qu'à ceux qui n'apperçoivent pas toutes les relations qui existent entre les différens peuples, et les devoirs d'un gouvernement envers les autres gouvernemens.

Pour l'intelligence de cette matière, je crois devoir parler de la nature du lien qui unit tous les hommes ; examiner comment et pourquoi les monnaies ont été instituées; considérer quelle est l'influence de ces monnaies dans le commerce; j'en concluerai qu'il est essentiel de regarder les monnaies, comme une mesure sacrée, dont il n'appartient à aucune puissance d'altérer l'étendue, et qu'il est indispensable de veiller à ce que cette altération ne se fasse dans quelque pays que ce soit.

1°. *Du lien qui unit tous les hommes.* Lorsque je contemple l'organisation du genre humain ; j'admire cette contexture qui me présente une grande famille composée de tant de millions d'autres plus petites. Un premier homme, père de la race humaine, ne serait pas une vérité, que son ingénieuse fable serait la plus heureuse et la plus politique des fictions ; puisqu'elle unit tous les hommes par les nœuds de la parenté et le lien sacré de la nature. On n'apperçoit l'existence de ce lien qu'à mesure que les conceptions de l'ame se développent. En effet, l'enfant sortant des langes ne voit encore et ne s'attache qu'au peu de personnes qui composent sa famille ; il n'obéit qu'à la loi paternelle. En grandissant, et lorsqu'il approche de l'adolescence, il entrevoit un nombre de familles réunies ; c'est la cité, une famille de familles; bientôt il en connaîtra le père, le magistrat. L'adolescent n'a pas atteint l'âge viril, qu'il découvre la famille des cités; c'est la nation, et il apprend qu'il a des devoirs plus multipliés, ceux d'enfant de la patrie. Lorsqu'enfin le jugement a obtenu tout son développement, l'homme voit la famille des nations; le voilà citoyen du monde, sans toutefois devenir cosmopolite; il ne rompt pas les liens qui l'attachent au sol natif; car la philosophie de l'homme vertueux et sage classe les devoirs qu'il a à remplir, suivant les préceptes du plus philosophe, comme du plus grand orateur de Rome, qui met en premier ordre ce qu'on doit à ses parens; puis, ce qu'on doit à ses concitoyens; ensuite, ce qu'on doit à sa patrie; enfin, ce qu'on doit à tous les hommes de quelque pays qu'ils soient, comme unis par la nature, et plus encore par le besoin de secours mutuels.

Après avoir montré les hommes unis par la nature, examinons-les unis par le lien de ce besoin de secours mutuels.

Tant que l'homme ne connut que le besoin de la conservation de son être, il put se passer de son frère; pourvoir à sa nourriture, se mettre à l'abri des intempéries des saisons, furent ses seuls soucis: mais, dès que la population fut élevée au point qu'elle ne put être contenue dans la même hutte, que les bras ne trouvèrent plus autour de cette hutte le terrein à cultiver suffisant pour subvenir à la nourriture de tous; qu'il fallut se partager terre et travail; alors s'éveilla l'industrie, qui fut la mère des arts; alors se présenta l'échange, et l'on conçoit que ce fut le besoin qui lui donna naissance. Aux arts de première nécessité, qui furent ceux de l'enfance du tems, succédèrent ceux par lesquels l'homme voulut devenir d'abord l'imitateur, puis le rival de la nature, et même l'emporter sur la magnificence de ses productions. Alors, on vit les besoins factices s'associer aux besoins naturels, et bientôt devenir plus impérieux : le vêtement de la peau de brebis, la tunique de lin parurent des habillemens peu commodes et trop simples, et sur des chlamydes furent imités l'émail des prairies, l'azur et les étoiles de feu du firmament: la hutte fut changée en maison, en palais, que l'industrie se chargea d'embellir. Pour satisfaire à ces besoins nouveaux, cette même industrie parcourut les régions plus éloignées, pour y chercher ce que la terre natale ne produisait pas.

2°. *Comment et pourquoi les monnaies ont été instituées.* D'après ce nouvel ordre des choses, les difficultés de l'échange se multiplièrent à l'infini. Ce fut à cette époque que l'esprit humain imagina une mesure pour servir à déterminer la valeur de tout ce dont on avait besoin (*a*) : mais cette mesure

---

(*a*) On évalua qu'un bœuf devait valoir dix mou-

était variable (*a*), et l'on ne tarda pas à s'appercevoir de son insuffisance. Ce fut le hasard qui, par la découverte des métaux que la nature avait enfoui dans la terre, réveilla le génie sur l'emploi d'une mesure plus fixe; l'industrie se chargea de l'exécution, et les monnaies de métal furent adoptées. Alors, la vente succéda à l'échange.

On ignore si ce fut le fer ou le cuivre qui servit d'abord comme monnaie; mais on sait que les Grecs et les Gaulois en avaient d'or et d'argent long-tems avant les Romains qui n'avaient qu'une monnaie de cuivre, et qui n'en firent d'abord d'argent, puis d'or, qu'alors que la victoire eut déposé dans leurs mains les espèces, vaisselles et bijoux d'or et d'argent des Grecs et des Gaulois vaincus.

Depuis ce tems, et successivement, tous les peuples policés adoptèrent cette nouvelle mesure d'évaluation du prix des choses; et

---

tons; qu'un mouton devait valoir dix poules; et la valeur de toutes les denrées, et des ustensiles aratoires et d'art, fut soumise à ce genre d'évaluation.

(*a*) Un bœuf plus ou moins gras, plus ou moins gros, ne devait pas valoir le même nombre de moutons, etc.

maintenant, c'est avec les monnaies d'or et d'argent que le commerce évalue tout ce qui est à vendre.

3°. *De l'influence des monnaies dans le commerce.* Qu'entend-on par commerce, et quelle est l'influence des monnaies sur les opérations commerciales?

Le commerce est la communication que les hommes se font entre eux des productions de leur sol et de leur industrie (*a*).

Ce qu'on ne trouve pas chez soi, il faut le chercher ailleurs; mais l'homme occuppé à sa charrue, à son atelier, ne peut pas les quitter pour aller chercher au loin ce dont il a besoin; il existe une classe d'individus qui se chargent de ce soin; ils portent les productions d'un pays dans un autre; ils en retirent celles dont leurs pays ont besoin. Cette communication réciproque tourne à l'avantage commun. Ce n'est pas toujours avec de la monnaie qu'on paie les productions d'un autre pays; mais la monnaie sert à évaluer le prix de ces productions, et, en dernier résultat, lorsque par une espèce

---

(*a*) Définition du citoyen de Forbonnais.

d'échange de marchandises, un pays qui en a plus reçues, qu'il n'en a fournies, se trouve débiteur d'un autre; alors, la solde se fait en monnaies. Mais les monnaies d'un pays ne sont semblables à celles d'un autre pays, ni en titre, ni en pesanteur, ni en valeurs; il faut conséquemment que le commerçant fasse la comparaison de valeurs de la monnaie nationale avec la monnaie étrangère. C'est pour faciliter les opérations commerciales, que le gouvernement de chaque pays fait fabriquer des espèces d'or et d'argent dans des termes de pesanteur et de pureté, qu'il indique par une loi.

Si le gouvernement, par cupidité ou par négligence, fait ou laisse fabriquer des espèces au-dessous de la pureté ou de la pesanteur de la loi; alors, il en résulte nécessairement une perte et une espèce de larcin fait au fournisseur des marchandises, qui bientôt, pour s'en venger, trompera aussi sur celles-ci. Gouvernans, voulez-vous que le commerce soit loyal, soyez aussi loyaux dans l'émission de vos monnaies.

Cette dernière réflexion nous conduit à examiner le quatrième objet que cette discussion présente.

4°. *Il est essentiel de regarder les monnaies comme une mesure sacrée dont il n'appartient à aucune puissance d'altérer l'étendue: il est indispensable de veiller sur les altérations qui pourraient être commises dans quelque pays que ce soit.*

Tout peuple est essentiellement souverain; mais il est impossible qu'il exerce sa souveraineté par lui-même : or, qu'il ait confié l'exercice de cette souveraineté à une ou plusieurs personnes; qu'il l'ait laissée usurper, ou qu'il souffre que les descendans d'un usurpateur l'exerce, c'est à celui-là seul qui exerce cette souveraineté, qu'il appartient de déterminer le titre, la pesanteur et la valeur légale de la mesure appelée monnaie, et de la faire fabriquer.

Sans doute il serait bien avantageux pour le commerce de tous les pays, qu'il n'y aie qu'une même monnaie; il ne serait plus nécessaire de se livrer à l'étude des mille genres d'espèces qui existent, et aux calculs fastidieux et fatigans qu'ils occasionnent. Il n'y aurait alors aussi qu'une même division pour déterminer la pureté des métaux, et un poids de la même pesanteur. Cette vérité si frappante, exprimée depuis tant de siècles, n'est pas encore assez sentie pour l'exécution d'une aussi simple et aussi précieuse mesure.

Chaque gouvernement a sa monnaie particulière, qui diffère des autres, soit par la pureté du métal, soit par la pesanteur, soit par la dénomination qui détermine sa valeur. Chaque gouvernement a son unité particulière de valeur, et chaque unité a ses divisions différentes : l'étude de tant de variétés est nécessairement longue et pénible; il faut cependant s'y adonner si l'on veut connaître les rapports de ces mesures diverses; et il faut les connaître, pour pouvoir se livrer à des opérations commerciales qui ne soient pas infructueuses.

Tout gouvernement règle le titre, le poids et la valeur de ses monnaies par des lois; et ces lois sont l'engagement sacré qu'il contracte avec tous les peuples, de ne faire fabriquer de monnaies que conformément à la loi.

Mais on n'a vu que trop souvent, que la cupidité de certains gouvernans avait fait fabriquer des monnaies qui n'avaient pas le titre ou le poids déterminés par la loi (*a*) : de-là plus de sûreté pour les opérations commerciales. C'est un brigandage autant et plus criminel, que le délit du particulier qui fabrique de la fausse monnaie, délit capital dans beaucoup de pays.

Ce que je viens de dire de la cupidité peut s'appliquer, quant aux résultats, à la négligence de certains gouvernemens, qui ne surveillent pas avec assez de sévérité la fabrication de leurs monnaies (*b*).

Un gouvernement sage se garde bien de troubler la confiance, en n'émettant pas des monnaies loyales ; mais il peut être trompé sur la fabrication, par la négligence de ceux auxquels il confie la surveillance de ce travail ; c'est pourquoi on fait constater le titre des monnaies des différens peuples, et publier les

---

(*a*) Je ne citerai que des Philippe et des Charles en France ; je pourrais en citer dans d'autres pays.

(*b*) Tels sont notamment les gouvernemens barbaresques, aux monnaies desquels il serait imprudent de se fier, etc. etc.

tarifs qui indiquent le titre et la valeur des espèces étrangères : c'est empêcher le commerce d'être victime des délits commis dans les pays où ils ont des relations commerciales.

S'il y a une fraternité entre tous les hommes, il existe aussi une fraternité entre tous les gouvernemens; et cette fraternité doit leur prescrire de s'éclairer mutuellement sur les fautes graves commises par ceux qui sont chargés de fabriquer et de surveiller la fabrication des monnaies. Il est donc essentiel que, dans chaque pays, après avoir fait vérifier le titre et le poids des espèces étrangères, on ne se contente pas d'en publier le résultat dans l'enclave d'un état, mais de le communiquer à ceux qui exercent la souveraineté dans d'autres pays. C'est le moyen le plus sûr d'exciter leur vigilance, et de contenir dans les limites de leurs devoirs, ceux que l'on charge de la fabrication des monnaies, et de la surveillance sur cette fabrication.

Je borne là des observations auxquelles j'aurais pu donner plus d'extension, si je n'eusse été convaincu qu'elle est très-inutile à la sagacité de ceux qui se chargeront de l'examen de cet essai.

Telles sont les bases sur lesquelles sont posées les projets de loix monétaires, que je crois conformes aux principes que je soumets à toute critique sensée. Celui qui aime véritablement sa patrie, ne peut voir qu'avec une douce satisfaction les corrections qu'on fait au travail auquel il ne s'est livré que pour l'avantage de son pays.

NOTES.

(1) *Note relative à la valeur en livres de la pièce de 5 francs.*

On a fait rendre une loi qui fixe la valeur de la pièce de 5 francs, à 5 livres 1 sou 3 deniers; qu'il me soit permis d'opposer à ceux qui ont fait le calcul de cette évaluation, quelques principes, et le résultat d'expériences authentiques qui corroborent ces principes, d'après lesquels il sera évident que la pièce de 5 francs ne vaut que 5 livres 11 deniers et moins de $\frac{1}{10}$ de denier.

Premier principe. C'est d'après la quantité de matière fine qui existe dans une pièce, qu'on détermine sa valeur réelle. Ce principe sert de base fondamentale aux évaluations de monnaies, faites par les commerçans de tous les pays. Ainsi, pour déterminer la valeur de la pièce de 6 livres et de celle de 5 francs, il faut chercher la quantité de fin qui se trouve dans l'une et l'autre de ces pièces.

Deuxième principe. C'est par la comparaison de la quantité de fin d'une pièce, à celle d'une autre pièce de même nature de métal, que se déterminent les valeurs, tant réelles, que légales, comparatives et réciproques de deux pièces.

Troisième principe. La quantité de fin que doit

avoir une pièce, se détermine par la loi qui en ordonne la fabrication. Ainsi, c'est l'édit de janvier 1726 qui doit servir à déterminer la quantité de fin que doit avoir l'écu de 6 livres ; et c'est la loi du 28 thermidor an 3, qui servira à la détermination de la quantité de fin de la pièce de 5 francs.

Quatrième principe Les loix accordent aux fabricateurs une latitude, appelée autrefois remède, et, d'après les nouvelles loix, tolérance, au moyen de laquelle une fabrication est réputée conforme à la loi, quant au titre et à la pesanteur des pièces, lorsque le titre et la pesanteur ne sont pas hors de l'un et de l'autre extrême de cette latitude. Or, c'est un principe consacré par l'usage de tous les peuples, de calculer sur l'emploi de la moitié des remèdes; ce principe est fondé en raison, en ce qu'un fabricateur courrait beaucoup de risques à employer tout le remède, emploi qui, dans aucun cas, ne peut tourner à son profit : il n'a, pour s'en garantir, que la précaution de n'employer au plus que la moitié du remède. Aussi, des expériences authentiques ont prouvé que, depuis 1726 jusqu'en 1783, on n'avait pas même employé la moitié du remède de titre ; pour la fabrication des écus de 6 livres.

Cinquième principe. Les monnaies étant alliées à des métaux imparfaits, on découvre la quantité de fin qu'elles contiennent, en multipliant leur pesanteur, par le calcul décimal, ou par leur titre évalué en millièmes de la nouvelle échelle de titre, et en réduisant le produit à son millième (*a*).

Résultat de ces principes.

Ces principes posés, il est facile de déterminer la quantité de fin qui doit exister, soit dans l'écu de 6 livres, soit dans la pièce de5 francs. En effet:

1°. Le titre des écus de 6 livres est de 11 deniers; le remède est de 3 grains: donc la moitié du remède est d'1 $\frac{1}{2}$ grain ; ainsi, le titre des écus de 6 livres est de 10 deniers 22 grains $\frac{1}{2}$, ou de 911 millièmes 458.

La taille des écus est de 8 et $\frac{3}{10}$ au marc, sous un remède de 36 grains, dont la moitié est de 18 grains; ce qui donne, pour le poids des écus, 553 grains, ou plus rigoureusement 29,351 milligrammes $\frac{502}{1000}$ qui, multipliés par le titre, donnent pour quantité de fin 26,752 milligrammes 66,131.

2°. Le titre des pièces de 5 francs, abandonnant la moitié des remèdes, est de 900 millèmes.

La pesanteur est de 25 grammes qui, multipliés par le titre, donnent pour quantité de fin 22,500 milligrammes.

(*a*) C'est-à-dire, en retranchant les 3 derniers chiffres de la droite, qui ne servent plus que de fractions décimales du chiffre qui les précède, et qui est le dernier point de l'unité.

Delà cette proportion :

Si 26,752 milligrammes $\frac{66131}{10000}$ valent 6 livres ou 1440 deniers, combien valent 22,500 milligrammes? Or, la règle de trois donne pour solution 1211 deniers 0944,636 ou 5 livres 11 deniers, et moins d'$\frac{1}{10}$ de denier. Donc, il y a eu erreur dans l'évaluation de la pièce de 5 francs à 5 livres 1 sou 3 deniers. Cette erreur provient de ce qu'on a calculé les écus de six livres comme fabriqués avec la totalité de l'emploi de remède de titre, tandis qu'on a calculé les pièces de 5 francs avec l'emploi de $\frac{1}{2}$ du remède ; ce qui, d'après le nouveau système monétaire, donne le droit de titre et de poids (*a*).

Observation. Il a été dit, au commencement de cette note, que des expériences authentiques avaient corroboré la force du principe qui voulait qu'on considérât les monnaies fabriquées avec l'emploi de moitié des remèdes, et que les écus de 6 livres, fabriqués depuis 1726 jusques à 1783, avaient été fabriqués avec l'emploi de moins de moitié du remède de titre. Telles ont été ces expériences.

En 1786, quelques calculateurs allemands prétendirent que les écus de 6 livres de France ne valaient pas le prix auquel ils avaient été portés sur le tarif germanique ; en conséquence, des négocians d'Augs-

(*a*) Ce remède est de 14 millièmes pour le titre, dont la moitié en-dessus et la moitié en-dessous du titre ; de $\frac{4}{100}$ du poids, dont la moitié en-dessus et l'autre moitié en-dessous.

bourg, pour s'éclairer sur cette assertion, se réunirent et consacrèrent 3000 écus de 6 livres aux expériences nécessaires pour constater le titre de ces écus. Cette masse d'écus fut composée de 50 écus de chacune des années depuis 1726 jusques à 1786. On fit d'abord un lingot de chaque masse de 50 écus, ce qui fit 60 lingots; les essais de ces lingots ont été confiés à Pierre Neuss, un des plus célèbres essayeurs de l'Allemagne. Non content de ces essais, et pour s'assurer d'avantage de la vérité de leurs résultats, on fit 5 lingots des 60, à savoir :

1 lingot des écus de 1726 à 1745.

1 second des écus de 1746 à 1760.

1 troisième lingot d'écus de 1761 à 1775.

1 quatrième lingot d'écus de 1776 à 1782.

1 cinquième lingot d'écus de 1783 à 1786.

Les nouveaux essais ayant donné le même résultat, pour donner encore plus d'authenticité à cette opération, on s'adressa aux officiers de la monnaie de Guntzbourg, qui procédèrent aux essais de ces lingots. Or, tel fut le résultat des titres trouvés aux écus de France depuis 1726 jusques à 1783.

	Par Pierre Neuss.		Par les officiers de la monnaie de Guntzbourg.
1°. De 1726 à 1745.	— 10 den.	$23\frac{1}{4}$ gr.	— 11 den.
2°. De 1746 à 1760.	— 10.	$22\frac{1}{2}$	— 10 23
3°. De 1761 à 1775.	— 10.	$21\frac{3}{4}$	— 10 22
4°. De 1775 à 1783.	— 10.	$20\frac{1}{4}$	— 10 $20\frac{1}{2}$

Ce qui donne, pour titre commun, 10 deniers 22 grains $\frac{29}{100}$, selon Pierre Neuss, et 10 deniers 22 grains $\frac{77}{100}$, selon les officiers de la monnaie de Guntzbourg. Ces officiers ont poussé l'expérience plus loin; car, ils ont fait un seul lingot des quatre depuis 1726 jusques en 1783, ils ont fait des essais réitérés de cette masse, et ils ont trouvé le titre de 10 deniers 22 grains $\frac{3}{4}$. — C'est d'après ces expériences que les négocians d'Augsbourg ont déclaré qu'on pouvait regarder ces écus comme étant au titre de 10 deniers 23 grains. Tels sont les principes et les expériences, qui semblent devoir servir de base aux calculs à faire pour trouver la comparaison de la livre au franc et du franc à la livre; principes constans dont on n'a pu s'écarter dans la fabrication, que par un crime de lèze-foi des nations, soit de la part du gouvernement, soit de la part du fabricateur. Il est donc constant que la pièce de cinq francs ne vaut que 5 livres 11 deniers $\frac{1}{10}$, et que le franc ne vaut que 1 livre 2 deniers $\frac{22}{100}$.

(2) *Note relative à la proportion entre l'or et l'argent.*

L'article premier de la déclaration du 30 octobre 1785, porte expressément que la proportion de valeur entre l'or et l'argent sera de 1 à 15 $\frac{1}{2}$: c'est-à-dire, que 15 marcs $\frac{1}{2}$ d'argent valent 1 marc d'or. Néamoins le même article, par une erreur de calcul bien positive, ne fixe la valeur du marc d'or qu'à 828 livres 12 sous, tandis qu'il devrait être de 828 liv. 13 s. 3 den., puisque le marc d'argent fixé par le tarif du 15 de mai 1773, relaté dans cet article, porte le marc d'argent fin à 53 liv. 9 s. 2 den. $\frac{234}{261}$, fraction qui équivaut à près de $\frac{9}{10}$ de deniers. Cette erreur de de calcul dérive d'une erreur de fait de ce même article, qui dit que, par le tarif de 1773, le marc d'argent est évalué 53 liv. 9 s. 2 den.

Les rédacteurs du tarif du 26 pluviose sont, par inattention, tombés dans la même faute; et cela parce qu'ils ont borné leurs opérations à la conversion du marc en grave ou kilogramme, et à la fixation des sommes, conformément au tarif annexé à la déclaration du 30 octobre 1685 pour l'or, et dans celui du 15 mai 1773 pour l'argent : ce qui nécessite une réforme totale du tarif du 26 pluviôse.

(3) *Evaluation du prix du kilogramme d'or et d'argent à tous les titres.*

En adoptant l'évaluation du prix du kilogramme d'argent à 216 francs 40 centimes, et de celui d'or à 3,354 francs 20 centimes, on aura la table suivante :

TABLE DÉCIMALE

Des valeurs du kilogramme d'argent et d'or à tous les titres, d'après une retenue de 2 et $\frac{62}{100}$ pour cent, l'argent en conséquence évalué à 216 francs 40 centimes, et l'or à 3354 francs 20 centimes le kilogramme.

TITRE. millièmes.	VALEURS. Argent.			VALEURS. Or.		
	franc.	cent.	fract.	francs.	cent.	fract.
1	0,	21.	64	3,	35.	42
2	0,	43.	28	6,	70.	84
3	0,	64.	92	10,	06.	26
4	0,	86.	56	13,	41.	68
5	1,	08.	20	16,	77.	10
6	1,	29.	84	20,	12.	52
7	1,	51.	48	23,	47.	94
8	1,	73.	12	26,	83.	36
9	1,	94.	76	30,	18.	78

Usage de cette Table.

Cette table ne présente que les valeurs jusques et compris 9 millièmes; mais tel est l'avantage de ces sortes de tables que, contenues dans un très-petit espace, on peut avec elles faire tous les calculs, en rétrogradant d'un chiffre vers la gauche pour les dixaines, de deux chiffres pour les centaines, etc. Ainsi un millième d'argent fin valant 21 centimes et une fraction de $\frac{64}{100}$, 10 millièmes valent 2 francs 16 centimes et une fraction de $\frac{4}{10}$; 100 millièmes valent 21 francs 64 centimes.

Supposez qu'on veuille trouver la valeur d'un kilogramme d'or à 936 millièmes. Pour 900 millièmes, en rétrogradant vers la gauche, de deux chiffres, on a . . . . 3,018 fr. 78 c.

Pour 30 millièmes, en ne rétrogradant que d'un chiffre, on a.	100	62	$\frac{6}{10}$
Pour 6 millièmes, on a .	20	12	52
Total . . .	3,139 fr.	53 c.	12.

On abandonne la fraction, lorsqu'elle ne tombe pas sur de grandes masses à multiplier; car 100 kilogrammes ne produiraient que 12 centimes.

LOIX MONÉTAIRES.

PREMIÈRE PARTIE.

LOI RÉGLEMENTAIRE.

Organisation des Monnaies.

TITRE PREMIER.

Administration générale.

ART. Ier. L'ADMINISTRATION générale des monnaies surveille l'exécution des loix monétaires dans toute l'étendue de la République française.

Elle s'assure de l'exactitude des fabrications des peuples avec lesquels la France a des relations commerciales.

II. Elle est composée de trois administrateurs, dont l'un est chargé de la correspondance générale et des travaux relatifs à la partie politique des monnaies.

Le second veille sur la partie fabricative;

il fait procéder, en sa présence, à la vérification du titre et du poids des pièces. Tout ce qui est relatif à la construction, à l'entretien et aux réparations des bâtimens et machines, est de son attribution ; il cote et paraphe tous les registres des fonctionnaires des monnaies. Il sera choisi, autant que faire se pourra, parmi les directeurs des monnaies, dont les talens et la moralité sont constatés.

Le troisième est chargé de la comptabilité des monnaies, vérifie les comptes des fonctionnaires des monnaies, et y met son *visa*; il rend compte du tout à l'administration, tient registre des résultats, et fait passer les comptes aux commissaires de la comptabilité.

III. L'administration tient ses assemblées ordinaires trois fois par décade, pour entendre les rapports de chacun des administrateurs sur les objets de leur attribution.

IV. Le rapporteur préside à la séance ; mais les délibérations doivent être signées par tous.

V. Chaque administrateur peut convoquer les assemblées extraordinaires.

VI. Le gouvernement surveille les opérations de cette administration par un commissaire qui assiste à toutes les séances, avec voix consultative, droit d'initiative et de réquisition.

VII. L'administration ne peut refuser de délibérer et statuer sur les propositions ou réquisitions du commissaire du gouvernement.

VIII. L'administration, sur le rapport de l'administrateur en cette partie, juge le travail des directeurs particuliers des monnaies.

IX. Elle fait faire, chaque année, la vérification du titre et des empreintes des espèces d'or et d'argent étrangères ; elle rédige un tableau de ces vérifications. Le ministre des relations extérieures fait venir, à cet effet deux pièces de chaque sorte de monnaie frappées dans les pays étrangers, pendant le cours de l'année ; elles sont remises à l'administration au plus tard dans les jours complémentaires de chaque année.

L'une de ces pièces doit avoir les empreintes parfaitement marquées, afin de pouvoir constater les fausses fabrications des monnaies étrangères, par l'inspection des empreintes ; l'autre pièce servira à constater si le titre des pièces étrangères est conforme aux loix du pays où elles ont été fabriquées.

X. L'administration présente au gouvernement, au plus tard le 15 de chaque mois, le tableau des fabrications faites dans tous les hôtels des monnaies pendant le mois précédent.

XI. Le bureau de l'administration est composé de deux chefs, secrétaires-généraux en leur partie de l'administration ; l'un pour les objets relatifs à la correspondance générale et aux fabrications ; le second pour les objets de dépenses et de comptabilité. Chaque chef aura sous lui un sous-chef ; les expéditionnaires sont communs ; ce bureau est aussi à la disposition du commissaire du gouvernement.

Pour l'exécution dudit article, le bureau de comptabilité des monnaies près la trésorerie nationale est supprimé, et tous les papiers y relatifs seront transportés à l'administration des monnaies.

XII. L'administration des monnaies adressera, tous les trois mois, à la trésorerie nationale, l'état des sommes provenantes de la fabrication de chaque hôtel des monnaies, tous frais et dépenses quelconques déduits, pour être lesdites sommes mises à la disposition de ladite trésorerie.

XIII. Tout ce qui a rapport à la surveillance et aux droits de garantie du titre des matières d'or et d'argent, est sous la direction de l'administration des monnaies.

XIV. Les causes de destitution desdits fonctionnaires sont : l'impéritie , la négligence grave, et les malversations dans l'exercice de leurs fonctions.

XV. Il y aura près de l'administration des monnaies, une bibliothèque publique spécialement composée des livres de toutes les langues, relatifs à la physique, à la chymie, à la métallurgie, aux arts du dessin, de la gravure et de l'orfèvrerie, aux divers systêmes monétaires de banque et de change, ainsi qu'aux monnaies, tant anciennes que modernes et singulièrement toutes les loix monétaires, de quelque pays que ce soit, et celles relatives aux banques ; à l'effet de quoi, de tous les livres doubles relatifs à ces sciences et arts, qui se trouveront dans les bibliothèques nationales, il en sera déposé un à la bibliothèque de l'hôtel des monnaies, dont reçu sera donné aux bibliothécaires qui les auront déposés.

Il y aura pareillement un cabinet des monnaies des différens pays, et l'administration des monnaies est chargée de le compléter ; à l'effet de quoi, de toutes les monnaies doubles qui se trouvent dans d'autres médaillers de la nation, il en sera porté une à l'administration des monnaies, sous son reçu, pour la décharge des bibliothécaires qui les ont eus sous leur garde.

Les directeurs des monnaies sont tenus de mettre de côté toutes les piéces étrangères ou de France, antérieures à l'année 1726, qui leur seraient apportées au change ; d'en prévenir l'administration des monnaies, en lui faisant une description exacte des pièces, et de ne les fondre qu'après l'autorisation qu'elle leur en adressera.

Pour que le public puisse acquérir la connaissance des différentes monnaies, tant anciennes que modernes, et prévenir la soustraction de quelques pièces, il sera relevé des empreintes de toutes les monnaies, en étain coloré, lesquelles empreintes seront classées par ordre de pays, de volume et de date, avec l'indication du titre de chaque espèce.

L'administration des monnaies est autorisée à employer à cette opération une personne instruite en ce genre, sous un traitement déterminé par le gouvernement.

L'administration générale des monnaies aura la surveillance immédiate de la bibliothèque et du cabinet des médailles. Elle fera traduire en français les loix et les livres écrits en langues étrangères, ou les extraits de ces livres qui lui paraîtront mériter l'attention de ceux qui se livrent à ce genre d'étude.

Il sera incessamment procédé à la gravure de toutes les pièces des monnaies d'or et d'argent, de billon et de cuivre qui ont paru dans le commerce des différens peuples depuis 1700, pour être ledit ouvrage continué à l'avenir pour l'instruction de tous les peuples.

L'administration générale des monnaies est chargée de la direction de ce travail et des recherches relatives au titre, au poids, à la quantité de fin de chaque pièce, de l'indication de sa valeur locale, et de son rapport avec nos valeurs nationales.

TITRE II.

Des Fonctionnaires généraux des Monnaies.

XVI. Il y a quatre fonctionnaires généraux des monnaies; à savoir : un essayeur général, deux adjoints, et un graveur général.

XVII. L'essayeur général surveille les opérations de ses adjoints ; et, en cas de discordance, il opère lui-même, et les résultats les plus concordans serviront de base au jugement.

Il fera, tous les ans, un cours public et gratuit de minéralogie et de chymie docimastique ; il sera aidé, pour ses expériences, par ses adjoints, qui le remplaceront en cas de maladie.

L'essayeur général, ainsi que ses adjoints, feront, gratuitement, tous les essais d'espèces et de matières qui seront pour le compte de la nation ; à l'effet de quoi tous les agens leur seront fournis par l'essayeur général.

XVIII. Pour prévenir les variations qui peuvent résulter de la différence des substances nécessaires aux essais, il sera établi près l'administration des monnaies, et sous la garde de l'essayeur général, un dépôt de ses substances et agens, ainsi que des poids d'essais ; auquel dépôt tous les essayeurs de la république seront tenus de se pourvoir. L'essai de ces substances et agens, ainsi que la vérification des poids d'essai, seront faits en présence d'un des administrateurs, et sous la surveillance de l'essayeur général, par les deux essayeurs adjoints, dont procès-verbal sera dressé.

XIX. Le poids d'essais, tant pour l'or que pour l'argent, sera d'un gramme.

XX. Le graveur général des monnaies fera les matrices originales des carrés et coussinets, pour tous les hôtels des monnaies. Il les remettra à l'administration des monnaies, pour être examinés, quant à l'identité du type et à la perfection de la gravure, et essayés quant à la bonté de la trempe; le tout en présence d'un administrateur, qui en fera l'envoi aux commissaires nationaux des monnaies.

XIX. Les places d'essayeur général et d'adjoint, ainsi que du graveur général, seront données au concours, présidé par un des administrateurs: les concurrens auront droit d'examen; eux seuls seront juges du concours; ils donneront leur suffrage par écrit, signé d'eux, sans qu'ils puissent se le donner à eux-mêmes.

Outre les examens sur les principes de l'art, les essayeurs justifieront de leur aptitude par des expériences d'essais, et les graveurs par des matrices, carrés et empreintes de leur composition.

Le procès-verbal du concours sera dressé par l'administrateur, signé de lui et de deux juges du concours, visé par l'administration des monnaies, et signé par ses membres; et ledit procès-verbal sera remis au gouvernement qui proclamera l'artiste élu, et lui fera délivrer l'acte de sa proclamation.

Si les suffrages étaient partagés entre deux artistes, le gouvernement choisira l'un des deux.

TITRE III.

Fonctionnaires particuliers des Monnaies.

SECTION PREMIÈRE.

Du nombre des Fonctionnaires.

XXII. Il y a cinq fonctionnaires des hôtels des monnaies; à savoir:

Un directeur.

Un commissaire national.

Un contrôleur aux recettes et délivrances.

Un surveillant du monnayage.

Un graveur.

XXIII. Le gouverement adjoindra à ces fonctionnaires le nombre qui lui paraîtra nécessaire dans les hôtels des monnaies, dont la fabrication très-active exigera un surcroît de surveillance.

SECTION II.

Du Directeur.

XXIV. Le directeur de la monnaie est chargé de la recette des matières à convertir en monnaie, de leur fabrication, de la recette des espèces, et du paiement de toutes les dépenses.

XXV. Il tient des registres séparés pour toutes les parties de ses travaux et pour les métaux différens ; à savoir :

1°. Trois registres de recette des matières, un pour l'or, un pour l'argent, un troisième pour le cuivre.

2°. Trois pareils registres pour les fontes.

3°. Deux registres pour l'ajustage des flaons, un pour l'or et un pour l'argent.

4°. Trois registres pour la marque sur tranche.

5°. Trois registres pour le monnayage des espèces.

6°. Trois registres de délivrance.

7°. Un registre général pour tous les objets.

8°. Un registre de dépense.

La forme de tenue de chaque registre sera indiquée par l'administration des monnaies.

Les espèces de billon pourront être inscrites sur les registres pour l'argent.

XXVI. Le directeur ne pourra recevoir de matières quelconques, à convertir en monnaies, que de personnes de probité ou assistées d'une personne de probité de lui connue, ou d'un des fonctionnaires de la monnaie, et en présence du contrôleur. Il inscrira sur le registre à ce destiné, par ordre de numéros :

1°. Les noms et surnoms du porteur des matières. et sa demeure.

2°. Le jour de l'apport des matières.

3°. Leur titre.

4° Leur poids.

5°. Leur valeur en fin.

6°. Leur valeur intrinsèque.

XXVII. Il ne pourra faire procéder aux fontes, qu'en présence du même contrôleur, auquel il remettra les bordereaux de toutes les fontes, après en avoir fait constater le poids, également en sa présence.

XXVIII. Il sera le maître du choix et du renvoi des ouvriers qu'il emploie; mais, en cas de délit de leur part, il est tenu d'en prévenir le commissaire national.

XXIX. Il fabriquera les flaons au titre et au poids déterminés par la loi.

XXX. Il se pourvoira, à ses frais, d'ouvriers pour le monnayage, et surveillera ou fera surveiller leurs travaux.

XXXI. Les espèces de sa fabrication porteront un signe particulier ou différent, dont il sera convenu avec l'administration des monnaies.

XXXII. Il sera responsable du titre et du poids des espèces de sa fabrication; celles qui seront trouvées défectueuses au bureau de délivrance, seront mises au rebut et refondues à ses frais.

XXXIII. Toute construction nouvelle et entretien des machines, outils, fourneaux, ainsi que l'entretien des bâtimens, seront à sa charge, excepté les grosses réparations des bâtimens, et les dégradations provenantes de forces majeures, telle que tremblement de terre, feu du ciel, effets de siége, violence, etc.; lesquelles dégradations seront à la charge du trésor public.

XXXIV. Il sera fait un état descriptif de toutes les machines appartenantes à la nation, pour icelles être remises au même et semblable état par le directeur sortant à son successeur. Toutes celles qui ne seront pas énoncées audit état, seront censées appartenir audit directeur, et son successeur tenu de les prendre et payer, à dire d'experts convenu entr'eux, ou, en cas de discordance, au prix de l'estimation d'un tiers expert nommé par l'administration municipale de l'endroit.

XXXV. Le directeur, en qualité de trésorier particulier de la monnaie, paiera les matières, les espèces étrangères et celles nationales hors de cours, conformément au tarif décrété.

XXXVI. Les vaisselles et lingots portés au change ne seront reçus et payés, qu'ils ne soient revêtus du poinçon et accompagnés d'un bulletin d'un essayeur, lequel sera responsable du titre par lui annoncé.

XXXVII. Dans le cas de doute ou de suspicion, le directeur et le contrôleur au change feront couper, en présence du propriétaire, une portion de la matière, qui sera pesée et mise sous enveloppe, avec les cachets de la direction et du propriétaire, et envoyée à l'administration des monnaies, pour en faire constater le titre, si mieux n'aime ledit propriétaire s'en rapporter à l'essai qui sera fait après la fonte, et néanmoins le directeur paiera au propriétaire, provisoirement, les trois quarts de la valeur présumée de l'objet.

XXXVIII. Le directeur enverra tous les mois à l'administration des monnaies, deux bordereaux de ses caisses, l'un des matières, l'autre des espèces, certifiés par le contrôleur, conformes aux doubles registres, et visés par le commissaire national. Les mêmes bordereaux seront envoyés au ministre en cette partie.

XXXIX. Il acquittera les dépenses courantes et urgentes de l'hôtel, approuvées et certifiées par le commissaire national.

Ne seront réputées dépenses courantes que celles des salaires des fonctionnaires, lesquels seront acquittés au fur et mesure des délivrances, et seront alloués au compte, sans autre autorisation du ministre.

Seront censées dépenses urgentes; 1°. les traitemens desdits fonctionnaires et gages du portier, lesquels seront payés de mois en mois sur les fonds de la caisse, et en proportion desdits fonds; 2°. les réparations à la charge de la nation, pourvu qu'elles n'excèdent pas la somme de 150 francs; et seront lesdites dépenses approuvées par le ministre, pour être allouées en compte.

XL. La place de directeur ne sera accordée qu'à celui qui justifiera, par un certificat de l'administration des monnaies, d'avoir fait un cours de chymie docimastique et de métallurgie, et d'avoir été, pendant deux années, commis de confiance chez un directeur de monnaies, avec exercice de toutes les fonctions relatives à la fabrication et à la comptabilité.

XLI. Le directeur nommera un fondé de pouvoir à Paris, pour veiller à ses intérêts relatifs aux jugemens de ses fabrications; il peut se faire représenter dans l'hôtel des monnaies, pour tous actes où sa présence est requise par la loi.

Le directeur ne peut être destitué que pour cause de malversation légalement constatée.

XLII. Il aura un traitement honorifique fixe, et en outre un salaire pour son travail, qui sera déterminé par le gouvernment, sur le rapport du ministre en cette partie, et l'avis de l'administration des monnaies.

N. B. On a proposé que le directeur tînt des registres de fonte, d'ajustage, de monnayage, pour se conformer aux anciennes loix : on peut le dispenser de la tenue légale de ces trois sortes de registres, que la prudence lui suggérera de tenir pour son intérêt particulier.

SECTION III.

Du Commissaire national.

XLIII. Le commissaire national est nommé par le gouvernement, sur la présentation de trois individus, faite par l'administration des monnaies.

XLIV. Ses fonctions consistent 1°. dans la police de l'hôtel, dont rien ne doit sortir sans un *laissez-passer* signé de lui ; 2°. dans la surveillance relative à l'exécution des loix en ce qui concerne le poids des espèces et la beauté des empreintes ; 3°. à faire observer les loix et règlemens par tous ceux qui sont chargés de quelque fonction ou emploi relatifs à la fabrication ; 4°. à faire vérifier, au moins tous les trois mois, les poids et les balances tant du change que des autres laboratoires, celles des essais exceptées; 5°. à faire faire chaque année, par chaque fonctionnaire, les réparations qui sont à leur charge; 6°. à veiller à celles qui sont à la charge du trésor public.

XLV. A lá fin de chaque mois, il visera les arrêtés de compte et les registres tenus par les différens fonctionnaires ou employés à la monnaie; il se fera délivrer des extraits sommaires des registres de recette, tant en matières qu'en espèces, qu'il adressera au Ministre en cette partie, ainsi qu'à l'administration des monnaies.

XLVI. Il sera dépositaire des clefs de la salle de délivrance, sans pouvoir les confier à d'autres qu'au contrôleur. Il sera pareillement dépositaire de celles de la salle de monnayage, qu'il ne confiera qu'au surveillant dudit monnayage.

XLVII. Il sera dépositaire des étalons servant à la vérification des poids.

XLVIII. Il recevra de l'administration générale les carrés et coussinets, et les matrices destinées à la fabrication des carrés et coussinets des monnaies.

XLIX. Il recevra du graveur particulier les carrés et coussinets, et en fera remise au surveillant du monnayage à fur et mesure du besoin.

L. Il tiendra registre de ces différentes opérations.

LI. Il sera aidé dans ses fonctions par le contrôleur, autant que celui-ci ne sera pas retenu aux recettes.

LII. Il rendra compte à l'administration et au Ministre des détails qui intéressent le bien du service.

LIII. Il dressera procès-verbal des détails qui pourront se commettre dans l'intérieur de l'hôtel, et en fera remettre, dans les 24 heures, expédition à l'accusateur public du tribunal de l'arrondissement, lequel sera tenu de lui en envoyer un reçu pour sa décharge. Dans le cas d'urgence ou de flagrant délit, il fera arrêter les prévenus ; il requiert près du magistrat une détention de 24 heures contre les ouvriers dénoncés pour cause d'insubordination ou de désordre.

LIV. Les matrices, carrés et coussinets neufs hors d'usage, seront déposés dans une armoire à trois serrures, dont le commissaire, le directeur, le contrôleur, auront chacune une des clefs.

LV. Il fera difformer par le graveur, les

coussinets et carrés usés et de rebut, à l'instant qu'ils ne pourront plus servir; et ce, en présence du contrôleur et du surveillant du monnayage, et les objets bien difformés seront remis au graveur.

LVI. Le commissaire national est responsable de la défectuosité des pièces passées en délivrance. Il est destituable pour causes d'impéritie et de négligence administrativement constatées.

LVII. Il aura un traitement honorifique fixe, et en outre un salaire proportionné au travail de la fabrication.

SECTION IV.

Du Contrôleur aux recettes et aux délivrances.

LVIII. Le contrôleur a, comme le commissaire national, l'inspection générale sur le travail des monnaies, comme aide et suppléant dans ses fonctions.

LIX. Plus spécialement, il tiendra des registres séparés, de même que le directeur, de toutes les matières d'or et d'argent et de cuivre, qui sont apportées au change de la monnaie, ainsi que des délivrances des flaons et des espèces.

LX. Il arrêtera les comptes entre le directeur ou ses commis et les porteurs de matières, et tiendra la main à ce qu'ils soient payés desdites matières, suivant les tarifs d'évaluation approuvés par le gouvernement.

LXI. Il sera responsable, ainsi que le directeur, de la discordance qui se trouvera dans les registres correspondans; et celui des registres qui annoncera le plus de matières, fera seul foi; à l'effet de quoi le directeur signera chaque jour le registre dudit contrôleur, ou protestera contre l'erreur.

LXII. Il arrêtera, lorsqu'il en sera requis par le directeur, les registres réciproques tenus par celui-ci et ses préposés à l'ajustage et au monnayage, et constatera le poids des matières dont ceux-ci sont débiteurs, tant en rebuts, qu'en limailles dégagées de toute matière étrangère.

LXIII. Il assistera aux délivrances, et aidera le commissaire national dans cette opération.

LXIV. Il aura un traitement honorifique fixe;

et un salaire proportionné au travail de la fabrication.

LXV. Il sera nommé par le gouvernement, sur la présentation de trois candidats faite par l'administration des monnaies.

LXVI. Il ne sera destitué que par causes de négligence ou de malversation administrativement démontrées.

SECTION V.

Du Surveillant du monnayage.

LXVII. Le surveillant du monnayage exerce la police immédiate dans cet atelier.

LXVIII. Il recevra du commissaire national les clefs de la salle du monnayge, et les lui remettra à la fin du travail ; il en recevra les carrés nécessaires au travail, dont il donnera récépissé sur son registre, et se fera donner récépissé sur le sien de tous les carrés qu'il rendra audit commissaire.

LXIX. Il recevra du même commissaire, et sous *récépissé* sur un registre à ce destiné, les flaons à monnayer, avec indication du poids et du nombre des pièces; ils les inscrira sur un pareil registre à son usage. En rendant les espèces monnayées au commissaire, il recevra décharge sur son registre.

LXX. Il sera responsable, envers le directeur, du *déficit* qui se trouverait entre le poids donné et le poids rendu, après que le nombre des pièces aura été de nouveau constaté.

LXXI. Il remettra au graveur, les carrés qui auront besoin d'être regrattés et repolis.

LXXII. Il aura un traitement honorifique fixe, et un salaire proportionné au travail de la fabrication.

LXXIII. Il sera nommé par le gouvernement, sur la présentation de trois candidats proposés par l'administration des monnaies.

LXXIV. Il ne sera destitué que pour causes de négligence ou de malversation administrativement démontrées.

SECTION VI.

Du Graveur particulier.

LXXV. Le graveur particulier des monnaies fera tous les carrés et coussinets nécessaires à l'hôtel des monnaies auquel il sera attaché.

LXXVI. Il sera tenu d'employer, à cet effet, les procédés arrêtés par le gourvernement, et, quant à présent, ceux de la multiplication des carrés, dont le procédé a été acquis par le ci-devant directoire exécutif.

LXXVII. Il sera tenu de gratter et repolir les carrés qui lui seront remis, à cet effet, par le surveillant du monnayage.

LXXVIII. Il n'aura pas de traitement fixe, et ses carrés seront payés par un salaire proportionné au travail de fabrication.

LXXIX. Il sera nommé par le gouvernement, sur la présentation de l'administration des monnaies.

LXXX. Le graveur général des monnaies pourra remplir les fonctions de graveur particulier de la monnaie de Paris.

TITRE IV.

Du nombre des Hôtels des Monnaies.

LXXXI. Le gouvernement, sur le rapport du Ministre en cette partie, relatant l'avis de l'administration des monnaies, déterminera le nombre et les communes où il y aura hôtel de monnaies.

TITRE V.

Des Délivrances.

LXXXII. Il y a délivrance de flaons et délivrance d'espèces.

La délivrance des flaons se fait par le directeur au commissaire national.

La délivrance d'espèces se fait par le commissaire national au directeur; entre l'une et l'autre de ces délivrances se fait le monnayage.

LXXXIII. *Délivrance de flaons.* Lorsque le directeur fera la délivrance des flaons au oommissaire national, celui-ci en fera vérifier le poids en présence du directeur ou de son préposé. Il examinera ensuite tous les flaons en présence du même et du contrôleur; et mettra au rebut ceux qui seront défectueux; puis, il fera procéder à une nouvelle pesée et au comptage des flaons, à laquelle opération assistera de plus le surveillant du monnayage.

Le contrôleur prendra au hazard six flaons qui seront poinçonnés du différent du directeur; puis, mis dans un paquet, sous les cachets du directeur, du commissaire, du contrôleur, et envoyés à l'administration des monnaies, pour en être le titre constaté; les flaons seront de suite enfermés sous trois serrures, dont le directeur, le commissaire, le contrôleur auront chacun une clef; de toutes lesquelles opérations procès-verbal sera dressé, signé par lesdits fonctionnaires ès endroits et pour ce qui les concerne, et copie dudit procès-verbal signé de tous, sera jointe à l'envoi du paquet des flaons destinés à l'essai.

LXXXIV. *Du monnayage des flaons.* A la réception du jugement des flaons, envoyé par l'administration des monnaies, le commissaire national convoquera le directeur et le contrôleur; il remettra au premier copie du jugement; et si le jugement déclare les flaons hors des remèdes de la loi, il fera en leur présence cizailler ou remettre en fonte les brèves trouvées au-dessous du titre, dont mention sera faite dans un procès-verbal. Si le jugement déclare les flaons au titre prescrit par la loi, le commissaire national convoquera, en outre, le surveillant du monnayage; et, en présence de tous, il procédera au comptage, et à une nouvelle pesée des flaons à monnayer, dont sera fait mentiou sur les registres du directeur, du contrôleur et du surveillant, auxquels les flaons seront remis pour être monnayés.

LXXXV. *Délivrance des espèces.* Lorsque les flaons auront été monnayés et remis en compte et en poids par le préposés de monnayeurs au surveillant du monnayage, ils seront remis par celui-ci au commissaire national en présence du directeur ou de son préposé et du contrôleur, pour être pesés et comptés; puis, le directeur et le surveillant du monnayage retirés, il sera procédé à l'examen des pièces, dont toutes les défectueuses seront mises au rebut; enfin, le directeur appelé de nouveau, les espèces lui seront remises en compte et en poids, ainsi que les pièces rebutées, après qu'elles auront été cizaillées; de tout quoi sera dressé procès-verbal et inscription faite sur les registres de délivrances, des poids, quantités et valeurs des espèces passées en délivrance, de laquelle valeur le directeur sera chargé en recette; à l'effet de quoi copie lui sera délivrée dudit procès-verbal.

TITRE VI.

Du jugement du titre des fabrications d'or et d'argent par l'Administration générale des Monnaies.

LXXXVI. L'administration générale des monnaies notifiera à l'essayeur général, à ses adjoints et au directeur ou à son préposé, le jour auquel ils seront tenus de se rendre à l'assemblée de ladite administration.

LXXXVII. Les cachets du paquet envoyés à l'administration reconnus sains et entiers, un des administrateurs fera l'ouverture du paquet et vérifiera le nombre et le poids de toutes et de chaque flaon ; il en remettra trois à l'essayeur général, qui se transportera dans son atelier avec ses adjoidts et ledit admi istrateur.

LXXXVIII. L'essayeur général coupera chaque flaon en deux, en observant de ne pas détériorer l'empreinte du poinçon ; il fera laminer les parties sur lesquelles n'est pas l'empreinte ; il y apposera son poinçon, il déterminera le poids des parties laminées, et en remettra une à chacun de ses adjoints ; le troisième sera gardé pour la vérification, s'il y a lieu.

LXXXIX. Les adjoints opéreront séparement et par double essai, dans le laboratoire de l'administration, en présence de l'administrateur et de l'essayeur général qui surveilleront les opérations. Les résultats seront donnés dans la journée et par écrit, et il sera dressé procès-verbal des opérations, en indiquant le titre trouvé à chacun des deux essais faits par chaque essayeur, ainsi que le titre commun de chaque double essai ; et sera le procès-verbal signé de ceux qui doivent y assister et opérer.

XC. Si les rapports des deux essayeurs

sont d'accord, le titre sera jugé d'après le procès-verbal.

XCI. Il y aura accord dans les essais, si trois des quatre sont trouvés au même titre, ou si le titre commun de chaque double essai est le même.

XCII. S'il y a discordance dans les rapports, l'essayeur général procédera à l'essai du troisième flaon, en présence de l'administrateur et des deux essayeurs; et procès-verbal sera dressé de toutes les expériences, avec indication de chaque essai isolé et des titres communs de chaque double essai.

XCIII. Si des six essais, quatre présentent le même résultat, ou si le titre commun de deux doubles essais est le même, ou bien si les quatre essais au titre le plus élevé réunis, se trouvent en donner un commun dans les limites de la tolérance, ce titre sera déclaré le véritable,

XCIV. Le jugement de ce titre sera arrêté par l'administration, sur le rapport de l'administrateur et le procès-verbal des essayeurs.

XCV. Si le jugement déclare les pièces au-dessous de la tolérance de la loi, copie dudit jugement sera délivrée, dans le jour, au directeur ou à son préposé, lequel sera tenu de déclarer dans les 24 heures, s'il requiert reprise d'essai, pour icelle être faite, en sa présence; cette reprise sera aux frais du directeur, dans le cas que les pièces seraient encore trouvées au-dessous de la tolérance de la loi. Passé le délai de 24 heures, nouveau jugement sera rendu, qui ordonnera la refonte de la fabrication des flaons, aux frais du directeur; et sera ledit jugement envoyé, sans délai, au commissaire national, qui sera tenu de le communiquer au directeur, ou de lui en délivrer copie certifiée, s'il la requiert, et de faire fondre tous les flaons en sa présence et celle du contrôleur.

Si le titre est dans les limites de tolérance de la loi, le jugement qui sera prononcé sera aussi envoyé au commissaire national de l'hôtel où la fabrication a été faite; le commissaire en délivrera copie au directeur, et fera procéder au monnayage des flaons.

XCVI. Si l'administration générale pensait qu'il y eût lieu de procéder à de nouveaux essais, elle y ferait procéder sur les trois flaons restans, et conformément aux art. LXXXVIII et suivans jusqu'au XCIV.

XCVII. Les cornets, boutons d'essai et le

restant des peuilles et flaons seront renvoyés au commissaire national de la monnaie d'où les flaons proviennent, qui les remettra au directeur, en réservant les flaons pour être ajoutés à ceux destinés à être monnayés.

TITRE VII.

Jugement et délivrance des espèces de cuivre.

XCVIII. Lors de la présentation d'une brève de cuivre au bureau de délivrance, le contrôleur en prend quatre flaons qu'il adresse à l'administration des monnaies, d'après les mêmes formalités prescrites au titre V.

XCIX. Si le cuivre a été jugé de mauvaise qualité par l'administration, toute la brève sera remise en fonte en présence du contrôleur.

C. Si le cuivre a été jugé de bonne qualité, le commissaire national, aidé par le contrôleur, mettra au rebut les flaons qui paraîtront d'un poids au-dessous de celui des deux tiers voulus par la loi, ainsi que ceux échancrés ou autrement mal fabriqués, ou de mauvaise qualité.

CI. Les flaons restans seront pesés par masses de 20 kilogrammes, en présence du commissaire national, du contrôleur, du directeur, ou de l'entrepreneur de flaons, ou des préposés de ces deux derniers; puis, sur chaque pesée de 20 kilogrammes, le contrôleur comptera trois cents pièces, prises au hazard, qui seront pesées cent par cent; et du résultat de ces trois pesées réunies, sera déterminé le rapport du poids réel avec le poids légal, d'après lequel il sera jugé si la fabrication de chaque 20 kilogrammes est dans les limites de la tolérance de la loi.

CII. Si le poids des flaons est jugé hors des limites de la tolérance de la loi, l'entrepreneur pourra en trier ceux qui rendent la fabrication hors des limites, lesquels seront cizaillés ou remis en fonte en présence du commissaire ou du contrôleur.

CIII. Les flaons jugés dans les termes de la loi, seront remis en compte et en poids au surveillant du monnayage.

CIV. Après le monnayage, le surveillant fera reporter les espèces au bureau de la délivrance, où le poids et le nombre des espèces seront constatés en sa présence.

CV. Le commissaire national et le contrôleur examineront les pièces, mettront au rebut toutes celles défectueuses, pour être mises en fonte en la présence du contrôleur ; puis, ils constateront le poids et le nombre des bonnes pièces, lesquelles seront délivrées au directeur, qui s'en chargera en recette.

CVI. Il sera dressé procès-verbal des opérations relatives à ladite délivrance, lequel relatera le jugement de l'administration des monnaies sur le titre et les verifications de pesanteur, et du nombre des pièces délivrées, lequel sera signé par tous ceux qui assisteront à ladite délivrance.

CVII. Copie dudit procès-verbal sera remise au directeur, et il en sera envoyé tant au Ministre des finances qu'à l'administration des monnaies.

TITRE VIII.

De la vérification des fausses-monnaies nationales et étrangères.

CVIII. Le graveur général remettra au dépôt de la vérification un carré et un coussinet de chaque espèce de pièces d'or, d'argent et de cuivre, ainsi que des poinçons en creux de chacune des parties de leurs empreintes, et notamment des différens de tous les hôtels et directeurs des monnaies, lesquels seront destinés au rengrènement des pièces, qui en constate l'identité d'empreintes.

Il contretirera les empreintes des espèces étrangères de bonne fabrication, pour servir de point de comparaison, à l'effet de découvrir les fausses-monnaies étrangères, et d'en pouvoir donner des descriptions très-exactes.

Le dépôt de ces carrés et pièces sera confié à l'un des administrateurs.

CIX. Pour la vérification des monnaies françaises soupçonnées fausses, l'administration des monnaies convoquera l'essayeur-général et le graveur-général. L'admistrateur dépotaire mettra sur le bureau les carrés et poinçons d'empreintes de la nature des espèces suspectes. Le graveur-général fera d'abord le rengrènement des différentes pièces; puis, il échopera les *différens* de dessus la pièce ; il fera ensuite le rengrènement des carrés et celui des coussinets ; de tout quoi procès-verbal sera dressé par l'admistrateur , qui indiquera, d'après le dire dudit graveur, tous les caractères de fausseté que présentera la pièce , si aucuns il y a.

CX. Si le rengrènement se fait exactement, la pièce sera remise à l'essayeur-général, qui en fera un premier essai aux touchaux ; et si la pièce paraît au-dessous du titre légal, ainsi que dans le cas de non-rengrènement, il la coupera en deux, et fera, ou fera faire par ses adjoints, l'essai d'une des parties par double essai ; et sera son résultat relaté et joint au susdit procès-verbal , qui sera signé par les administrateurs des monnaies, le graveur-général , et l'essayeur-général.

S'il s'agit d'une espèce étrangère , la description de sa fausseté sera faite d'après la comparaison ou la contre-empreinte d'une pièce véritable ; dans le cas que la pièce serait re-

TABLES

De la Conversion des grains du poids de Marc en Milligrammes et des Grammes en grains; et de la valeur en Francs du Hectogramme d'or et d'argent à tous les Titres.

1 — 2 — 3

Grains	Conversion des grains en Milligrammes	Grammes	Conversion des Grammes en grains	Millièmes	Valeur du Hectogramme — Or	Argent
	Milligrammes		Grains		F. C.	F. C.
1	053.1152	1	18.827	1	0,33461	0,02.159
2	106.2304	2	37.654	2	0,66922	0,04.318
3	159.3456	3	56.481	3	1,00382	0,06.477
4	212.4608	4	75.308	4	1,33843	0,08.636
5	265.5760	5	94.135	5	1,67304	0,10.795
6	318.6912	6	112.962	6	2,00764	0,12.954
7	371.8064	7	131.789	7	2,34225	0,15.113
8	424.9217	8	150.616	8	2,67686	0,17.271
9	478.0369	9	169.443	9	3,01147	0,19.439

BOÊTE MONÉTAIRE.

du C^en Beverlé

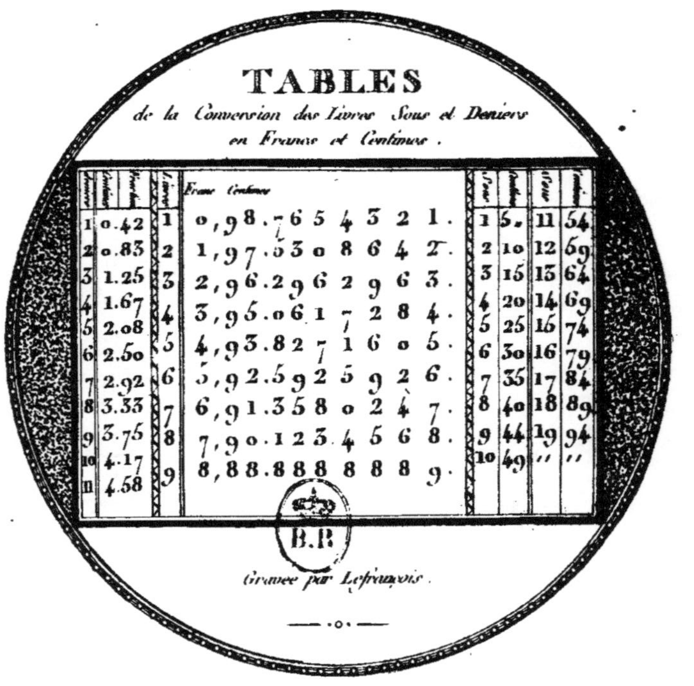

TABLES

de la Conversion des Livres Sous et Deniers en Francs et Centimes.

Deniers	Centimes Fractions
1	0.42
2	0.83
3	1.25
4	1.67
5	2.08
6	2.50
7	2.92
8	3.33
9	3.75
10	4.17
11	4.58

Livres	Franc Centimes
1	0,98.7654321.
2	1,97.5308642.
3	2,96.2962963.
4	3,95.0617284.
5	4,93.8271605.
6	5,92.5925926.
7	6,91.3580247.
8	7,90.1234568.
9	8,88.8888889.

Sous	Centimes	Sous	Centimes
1	5.	11	54
2	10	12	69
3	15	13	64
4	20	14	69
5	25	15	74
6	30	16	79
7	35	17	84
8	40	18	89
9	44	19	94
10	49	"	"

B.R

Gravée par Lefrançois.

connue fausse, l'administration mettra au bas du procès-verbal cette formule :

Pourquoi déclarons ladite pièce fausse ; en foi de quoi avons signé avec lesdits graveur-général et essayeur-général des monnaies de France.

CXI. Copie de ce procès-verbal sera adressée au Ministre des relations extérieures, qui en fera faire envoi à tous les agens de la République dans les pays étrangers, pour être communiquée aux gouvernemens près desquels lesdits agens résident. Même envoi sera fait par le Ministre des finances à toutes les administrations centrales de tous les départemens, et par l'administration des monnaies à tous les directeurs.

TITRE IX.

De la Comptabilité des Monnaies.

CXII. L'administration générale des monnaies, ouï le rapport d'un des administrateurs, vérifiera, arrêtera, et apostillera les comptes particuliers du travail et des recettes et dépenses des directeurs des monnaies, dont expédition sera par elle envoyée à la commission de la comptabilité nationale, après avoir, sur les radiations ou additions, ouï le directeur ou son préposé.

CXIII. Les pièces justificatives desdits comptes seront adressées à l'administration des monnaies, dans les deux premiers mois de chaque année, par tous les directeurs des monnaies, avec ledit compte.

CXIV. Lesdites pièces justificatives consistent, 1°. dans les copies des registres de recette et de dépense du contrôleur, certifiées conformes à ceux du directeur, par le commissaire national; 2°. dans les autorisations du Ministre pour les paiemens de dépenses qui exigent cette formalité; 3°. dans le certificat du commissaire national, constatant l'existence et la présence des fonctionnaires ayant traitemens ou salaires; 4°. dans les loix et arrêtés du gouvernement qui fixent lesdits traitemens ou salaires; 5°. dans la copie des *récépissés* et *rescriptions* que la trésorerie nationale aura tirés sur lesdits directeurs.

CXV. En cas de recettes, pour cause des loyers de maisons ou bâtimens dépendans des hôtels des monnaies, elles seront justifiées par les baux qui en auront été passés par les administrateurs des monnaies.

CXVI. Dans le cas où, par confiscation ou autrement, il serait entré au change des monnaies des matières d'un titre inconnu, le directeur produira les procès-verbaux de fonte et d'essais, qui auront été dressés par les ordres de l'administration des monnaies.

CXVII. En cas de recettes provenantes de confiscations ou amendes, le directeur produira les jugemens qui les auront ordonnées et les procès-verbaux de remise.

CXVIII. Les dépenses pour frais de procédure, acquittées du fond des monnaies, seront justifiées par les exécutoires ou états visés par l'administration des monnaies.

CXIX. Les dépenses pour réparations, nouvelles constructions de bâtimens et machines, que le gouvernement jugera à-propos d'ordonner, seront justifiées par les arrêtés du gouvernement et les devis et procès-verbaux d'adjudication et de réception desdits ouvrages.

CXX. L'administration des monnaies apportera au soutien des recettes et dépenses des comptes qu'elle a à rendre, 1°. les procès-verbaux ou autres pièces qui constatent la recette ; 2°. les arrêtés du gouvernement qui autorisent la dépense ; 3°. les *récépissés* des directeurs et quittances des ouvriers, et autres qui justifient ou la décharge de partie de la recette, ou l'acquit de la dépense autorisée.

CXXI. Dans les trois premiers mois de l'année, l'administration des monnaies remettra au Ministre des finances le compte de ses recettes et dépenses, qui sera par lui vérifié, apostillé, arrêté, et envoyé à la commission de la comptabilité nationale.

CXXII. Le Ministre, ainsi que l'administration des monnaies, se feront représenter, quand ils le jugeront à-propos, les registres des différens fonctionnaires des monnaies, et l'état de caisse des directeurs.

CXXIII. Tous les mois, le registre du change et celui du contrôleur seront arrêtés par le commissaire national, ensuite de la récapitulation du fin de toutes les matières apportées au change, et des prix qui en auront été payés; duquel arrêté copie sera adressée au Ministre et à l'administration des monnaies.

CXXIV. Les registres du contrôleur seront envoyés tous les ans, et un mois, au plus tard, après l'année révolue, à l'administration des monnaies, à la diligence du commissaire national ; et serviront lesdits registres au réglement du compte du directeur.

CXXV. Le jugement rendu par les commissaires de la comptabilité sera signifié, par l'agent national, au directeur qui sera tenu de notifier audit agent son adhésion audit jugement, ou, s'il entend, se pourvoir en rectification d'erreurs.

CXXVI. La demande en rectification d'erreurs sera portée à la commission de comptabilité dans le mois, sinon ledit directeur en sera déchu.

CXXVII. La commission de comptabilité sera tenue de statuer, dans les trois mois, sur la demande en rectification d'erreurs.

TITRE X.

Traitemens et salaires des Fonctionnaires et Employés des monnaies.

SECTION PREMIÈRE.

Des traitemens.

CXXVIII. Le traitement des administrateurs des monnaies et du commissaire du gouvernement près de cette administration, sera le même que celui des membres des autres administrations-générales de la nation.

CXXIX Celui de l'essayeur-général sera de l'équivalent de 1,800 myriagrammes de grains, ou .... 3,600 fr.

De chaque adjoint, de 1,200 myriagrammes, ou .... 2,400.

Des directeurs des monnaies, *id.* 2,400.

Des commissaires nationaux, *id.* 2,400.

Des contrôleurs de la monnaie, 900 myriagrammes, ou .... 1,800. fr.

Des surveillans du monnayage, 600 myriagrammes, ou......... 1,200.

Des chefs de bureau d'administration, 2,000 myriagrammes, ou.. 4,000.

Des sous-chefs, 1,200 myriagrammes, ou.................. 2,400.

Des expéditionnaires, 900 myriagrammes, ou.................. 1,800.

CXXX. Les gages des garçons de bureau de l'administration et des portiers,...................... 720.

CXXXI. Lesdits traitemens seront payés par mois, sur les produits de la fabrication, et au prorata desdits produits.

CXXXII. Les traitemens qui n'auront pas pu être payés en entier, à défaut de produits suffisans, le seront dans les mois subséquens.

CXXXIII. Les traitemens seront alloués en compte, au directeur, sans autorisation ultérieure, en justifiant de leurs paiemens par quittances.

CXXXIV. Toutes les dépenses pour frais de bureau, éclairage, seront au compte des fonctionnaires des monnaies. Le directeur et le commissaire national acquitteront chacun leurs frais de bureau; ceux d'éclairage seront supportés par les fonctionnaires résidans dans les hôtels des monnaies, dans la proportion de leurs traitemens.

CXXXV. Indépendamment des traitemens énoncés ès articles CXXVIII et CXXIX, les fonctionnaires y dénommés jouiront d'un logement dans les hôtels des monnaies.

CXXXVI. Les chefs et sous-chefs du bureau de l'administration des monnaies auront pareillement un logement audit hôtel.

SECTION II.

Des Salaires.

CXXXVII. Le salaire des fonctionnaires des monnaies est la juste rétribution du travail.

CXXXVIII. Les administrateurs-généraux des monnaies, ainsi que le commissaire du gouvernement ne jouiront d'aucuns salaires et ne pourront cumuler d'autres traitemens avec celui de leur place.

CXXXIX. Les salaires de l'essayeur-général et de ses adjoints consistent, indépendamment des cours particuliers de métallurgie et de docimasie, dans les droits d'essais pour le compte des particuliers.

Le prix de ces essais, sera de trois francs par essai d'or, de doré, ou d'argent tenant or. Il sera de 80 centimes pour les essais d'argent, et de 2 francs pour les essais de cuivre, et seront tenus lesdits essayeurs de rendre aux porteurs de matières à essayer, les cornets, boutons et l'excédent de la prise d'essai.

A la révolution de chaque décade d'année, le gouvernement fixe de nouveau le prix desdits essais.

CXL. Le salaire des fonctionnaires des monnaies consiste dans un droit sur la fabrication : il est arrêté de nouveau, à la fin de chaque décade d'année, par le gouvernement, et il est fixé pour cette décade d'année, ainsi qu'il suit :

PAR KILOGRAMME.

Pour les pièces d'or.

1°. un franc d'or.	au directeur...........	3 fr.	30 c.
	au commissaire national..	»	06
	au contrôleur..........	»	06
	au surveillant du monnay.	»	01
	au graveur............	»	20

2°. double fr. d'or	au directeur...........	3 fr.	15 c.
	au commissaire national..	»	04
	au contrôleur..........	»	04
	au surveillant..........	»	01
	au graveur............	»	20
3°. quintuples...	au directeur...........	3 fr.	
	au commissaire national..	»	03
	au contrôleur..........	»	03
	au surveillant..........	»	00 ½
	au graveur............	»	13

Pièces d'argent et de billon.

1°. pièces de 1 et de 2 décimes.	au directeur...........	3 fr.	60 c.
	au commissaire.........	»	06
	au contrôleur..........	»	06
	au surveillant..........	»	01
	au graveur............	»	30
2°. franc et ½ franc.	au directeur...........	3 fr.	50 c.
	au commissaire.........	»	06
	au contrôleur..........	»	06
	au surveillant..........	»	02
	au graveur............	»	30
3°. pièces de 2 fr.	au directeur...........	2 fr.	90 c.
	au commissaire.........	»	05
	au contrôleur..........	»	05
	au surveillant..........	»	01
	au graveur............	»	20

4°. pièces de 5 fr.	au directeur...........	2 fr. 60 c.
	au commissaire national..	» 03
	au contrôleur..........	» 03
	au surveillant..........	» 00 $\frac{1}{2}$
	au graveur............	» 13

Pièces de cuivre (*a*).

5°. pièces de 5 cent.	au directeur...........	1 fr. 15 c.
	au commissaire.........	» 01
	au contrôleur..........	» 01
	au surveillant..........	» 00 $\frac{1}{2}$
	au graveur............	» 06

CXLI. A la révolution de chaque décade d'année, le gouvernement augmentera ou diminuera lesdits salaires en raison du prix des denrées.

CXLII. Il sera tenu compte aux directeurs, pour déchets de fabrication ; à savoir : pour l'or, sur le pied de 183 grammes par cent

(*a*) Les prix de fabrication, des pièces d'un et de deux centimes en cuivre, et d'un décime en billon sont inutiles à relater ; la fabrication d'un million de pièces d'un centime, et de près de dix millions de pièces d'un décime, dispensant d'en faire d'ici à 20 années au moins.

kilogrammes ; pour l'argent, à raison de cinq grammes 625 milliagrammes par kilogramme ; et pour le cuivre, de 60 grammes par kilogramme.

LOIX MONÉTAIRES.

SECONDE PARTIE.

Fabrication des Monnaies.

TITRE PREMIER.

Du titre des Métaux.

SECTION PREMIÈRE.

De l'Echelle du titre.

ART. Ier. LE titre de l'or et de l'argent étant le degré de pureté de ces métaux, on appellera échelle de titre, le mode d'après lequel on détermine ce degré de pureté.

II. L'échelle de titre pour l'or et pour l'argent sera divisée en mille parties, appelées *millièmes* (*a*), qu'on sous-divisera décimalement. Les anciennes échelles de titre, par karats pour l'or, et par deniers pour l'argent, sont abrogées.

III. L'échelle de titre, pour le cuivre, sera divisée en cent parties, appelées *centièmes*.

SECTION II.

Du titre des Monnaies françaises.

IV. Les espèces d'or et d'argent seront au titre de neuf parties d'alliage (*b*). L'alliage ne pourra être que de cuivre (*c*).

V. Les espèces de billon ou de bas argent seront au titre de quatre parties et demie d'argent pur, et de cinq parties et demie d'alliage (*d*).

VI. Les espèces de cuivre seront au titre de 98 centièmes. Il pourra néanmoins être à un autre alliage, d'après des loix particulières (*e*).

TITRE II.

Des Poids Monétaires.

VII. Le poids de marc destiné ci-devant à peser les matières et espèces d'or et d'argent, est abrogé. Le poids de cent grammes (dit *hectogramme*) servira de poids monétaire pour la pesée de ces métaux (*f*).

VIII. Le poids, dit *kilogramme*, ou de mille grammes, servira à peser le cuivre et les autres métaux (*g*).

IX. L'hectogramme, ainsi que le kilogramme, se divisent et sous-divisent décimalement, et la plus petite division est la millième partie du gramme, appelée milligramme.

X. Le poids, dit *de semelle*, dont on se servira pour les essais, tant pour l'or que pour l'argent, sera du poids d'un gramme (*h*), ou de la millième partie de l'unité de poids déterminée par la loi du 19 thermidor an 7.

TITRE III.

Des Monnaies Françaises.

SECTION PREMIÈRE.

Divisions des Monnaies Françaises.

XI. Il y aura en France des espèces d'or, d'argent, de haut billon et de cuivre, en coupures ou divisions uniformes ; à savoir :

1°. Espèces de 1, 2, 5 centimes en cuivre.
2°. Espèces de 1, 2, 5 décimes en billon.
3°. Espèces de 1, 2, 5 francs d'argent.
4°. Espèces de 1, 2, 5 francs d'or (*i*).

SECTION II.

Des Pièces d'or.

XII. La pièce d'or, appelée franc d'or ou *médaille*, sera au titre prescrit par l'art. IV, sous un remède ou tolérance de titre de 6 millièmes de fin, moitié en dessus, moitié en dessous.

XIII. Le franc d'or sera à la taille de 5 grammes, sous un remède ou tolérance de poids d'un centième du poids de la pièce, moitié en dessus, moitié en dessous de ce poids (*k*).

XIV. Les pièces de 2 et de 5 francs d'or, seront fabriquées dans les proportions de pesanteur et de tolérance de celle d'un franc d'or.

SECTION III.

Des Espèces d'argent.

XV. L'unité monétaire, appelée franc d'argent, sera fabriquée au titre prescrit par l'art. IV, sous un remède ou tolérance de titre de dix millièmes de fin, moitié en dessus, moitié en dessous.

XVI. La taille du franc d'argent (son poids) sera de cinq grammes, sous un remède ou tolérance de poids d'un centième de leur poids, moitié en dessus, moitié en dessous.

XVII. Les pièces de 2 et de 5 francs d'argent seront fabriquées dans les proportions de pesanteur et de tolérance de celle d'un franc.

XVIII. Le gouvernement évaluera annuellement la quantité d'espèces d'un et de deux francs qu'il sera nécessaire de fabriquer pour les besoins du commerce, et en proposera la détermination, d'après les formes constitutionnelles.

Il en sera néanmoins fabriqué, quant à présent, jusqu'à la concurrence de 30 millions en pièces d'un franc, et de 120 millions en pièces de deux francs (*l*).

SECTION IV.

Des Pièces de haut billon.

XIX. Il sera fabriqué des pièces de 1, 2 et 5 décimes, au titre prescrit par l'art. V, sous un remède ou tolérance de titre de six millièmes, moitié en dessus, moitié en dessous dudit titre.

XX. La taille desdites pièces sera de 1010 pièces d'un décime, de 505 pièces de deux décimes, de 202 pièces de cinq décimes par kilogramme, sous un remède ou tolérance de poids de 2 pièces de cinq décimes, de 5 pièces de deux décimes, et de 10 pièces d'un décime par kilogramme, moitié en dessus, moitié en dessous du poids (*m*).

XXI. La délivrance de ces pièces se fera sans recours de la pièce au kilogramme. Mais, seront mises au rebut toutes celles qui seraient sensiblement trop faibles d'un dixième de leur poids; à l'effet de quoi il sera fait des déneraux droits de poids, et d'autres avec le faiblage d'un dixième.

XXII. Le gouvernement évaluera annuellement la quantité qu'il sera nécessaire de fabriquer, et la fera déterminer d'après les formes constitutionnelles. Quant à présent, il en sera fabriqué jusqu'à la concurrence de 35 millions en pièces de cinq décimes (*n*).

SECTION V.

Des Pièces de cuivre.

XXIII. Il sera fabriqué des pièces en cuivre de 1, 2 et 5 centimes, sous un remède de titre de 2 centièmes (*o*).

XXIV. La pièce d'un centime sera à la taille ou du poids de deux grammes; celle de deux centimes, à la taille de quatre grammes; celle de 5 centimes, à la taille de 10 grammes (un décagramme).

XXV. La tolérance du poids sera de 20 pièces d'un centime, de 10 pièces de 2 centimes, et de 4 pièces de cinq centimes par kilogramme; et sera ladite tolérance employée, moitié en dessus, moitié en dessous du poids (*p*).

XXVI. Le gouvernement évaluera annuellement la quantité de monnaie de cuivre qu'il sera nécessaire de fabriquer, en observant qu'il y en ait, dans le commerce, dans les proportions suivantes, sur 1,000 fr. : pour 800 fr. en pièces de 5 centimes, 160 en pièces de 2 centimes, 40 en piéces d'un centime (*q*).

TITRE IV.

Des Empreintes.

SECTION PREMIÈRE.

Empreintes de champ.

XXVII. L'empreinte principale des pièces d'or et des espèces d'argent, sera la France commerçante (*r*), avec la légende: *République française.*

XXVIII. L'empreinte de revers de la pièce d'or consistera dans l'inscription du titre de la pièce et du fin qu'elle contient. Au-dessus de cette inscription, une couronne d'étoiles (*s*); au-dessous, l'ère de la République, entre le différent du directeur et la lettre ou marque de l'hôtel des monnaies. Les grenetis seront entre deux filets, et élevés de manière à excéder l'élévation de l'inscription et de l'empreinte de la pièce. L'empreinte de revers des espèces d'argent contiendra de plus la valeur légale de la pièce, en légende.

XXIX. Les pièces de haut billon auront,

pour empreinte principale, le buste de la France personnifiée, de même que l'empreinte principale des pièces d'argent, avec la légende : *République française.* L'empreinte de revers, semblable à celle des espèces d'argent, n'indiquera que la valeur de la pièce ; et en inscription, au-dessous, l'ère de la République, entre le différent du directeur et la lettre de l'hôtel des monnaies.

XXX. Les pièces de cuivre auront, pour empreinte principale, le bouclier national, avec la légende : *République française.* L'empreinte de revers sera la même que celle des pièces de billon.

XXXI. Le gouvernement pourra destiner les pièces d'or à perpétuer les évènemens mémorables de la République, en en soumettant les sujets à la décision constitutionnelle.

XXXII. Les empreintes étant les signes caractéristiques des monnaies, toute pièce sur laquelle on n'appercevra pas l'empreinte légale, soit sur les champs, soit sur la tranche, cessera d'être monnaie, et sera reçue au change des monnaies, à raison de son titre et de sa pesanteur.

SECTION II.

Des Empreintes sur tranche.

XXXIII. La tranche des pièces de 5 francs d'or et de 5 francs d'argent, portera les mots: *garantie nationale* , en creux, avec une étoile à cinq pointes, entre deux fleurons en relief; le tout entre deux filets, élevés de manière à garantir les reliefs de l'action du frottement, et à prévenir contre la rognure de l'espèce sur la tranche.

XXXIV. La tranche des autres pièces d'or, d'argent, de billon, et de 5 centimes en cuivre, portera un ornement fleuronné ou d'oves étoilées, en relief, entre deux filets élevés.

XXXV. Les pièces d'un et de 2 centimes n'auront pas de dessins sur tranche.

TITRE V.

Des Tarifs des matières et des espèces.

XXXVI. Il sera rédigé un tarif de la valeur des matières et espèces d'or et d'argent, sous une retenue de 2 ½ pour cent, pour droits de fabrication et de dépenses d'administration des monnaies.

XXXVII. L'or sera évalué sur le pied de la proportion de 15 $\frac{1}{2}$ (*t*).

XXXVIII. En conséquence des articles précédens, l'hectogramme d'argent fin est évalué à 21 francs 66 centimes ; l'hectogramme d'or fin, à 335 fr. 73 cent. (*u*).

TITRE VI.

De l'altération et de la fausse fabrication des Monnaies.

SECTION PREMIÈRE.

De l'altération des Monnaies.

ART. XXXIX. L'altération des monnaies, soit nationales, soit étrangères, est un crime de lèze-foi publique.

XL. Ceux qui seront convaincus d'avoir rogné, ou autrement, altéré, ou d'avoir sciemment distribué des pièces de monnaie française rognées ou altérées, seront dégradés du titre et des droits de *citoyen français*, et condamnés, pour 20 ans, aux travaux publics, leurs biens-meubles et immeubles acquis et confisqués au pofit des hôpitaux.

XLI. Ceux qui seront atteints et convaincus d'avoir rogné ou altéré, de quelque manière que ce soit, des monnaies étrangères, et d'en avoir sciemment distribué, seront punis conformément aux loix des pays dont ils auront altéré les monnaies.

SECTION II.

De la fabrication et distribution des fausses-monnaies.

XLII. La fabrication des monnaies fausses est une atteinte au droit de souveraineté : si les pièces sont au-dessous du titre et du poids des loix, c'est, de plus, un vol et un crime contre la sûreté du commerce de tous les peuples.

XLIII. Tous fabricateurs ou distributeurs de fausses-monnaies au type national, seront dégradés du titre et des droits de citoyen français, et condamnés, pour 50 années, aux travaux publics, leurs biens, tant meubles qu'immeubles, confisqués au profit des hôpitaux.

XLIV. Si la fausse-monnaie est au-dessous du titre et du poids des véritables espèces, le fabricateur sera, en outre, marqué à la joue gauche, d'un fer chaud portant les lettres F. M.

XLV. Les fabricateurs et distributeurs de fausses-monnaies étrangères seront jugés d'après les loix des gouvernemens dont la monnaie aura été contrefaite.

XLVI. Toutes les loix contraires aux dispositions de la présente loi, sont et demeurent rapportées.

OBSERVATIONS.

(*a*) Je préférerais que l'échelle fût divisée en dix parties ou *degrés ;* chaque degré, en dix dixièmes ou *minutes ;* chaque minute, en dix centimes ou *secondes ;* chaque seconde, en dix *tierces* ou millièmes; ce qui donnerait dix mille divisions, et par conséquent une plus grande approximation de titre. Ce mode serait conforme aux expressions de l'article II de la loi du 28 thermidor de l'an 3, et de l'article Ier du titre II d'une autre loi du même jour, loix relatives aux fabrications des monnaies, dans lesquelles il est dit : *Le titre sera de 9 parties de ce métal pur et d'une d'alliage.*

(*b*) C'est-à-dire, qu'elles seront à 900 millièmes de fin, ou à 90 degrés de fin.

(*c*) Il y a des pays où les pièces d'or sont alliées partie en argent, partie en cuivre ; mais comme l'alliage est constamment perdu, il convient de ne pas rendre cette perte trop sensible, et conséquemment de ne pas employer d'argent ; ce qui rendrait les frais de fabrication plus chers.

(*d*) C'est-à-dire, moitié du titre des espèces d'argent, ou 450 millièmes ou 4 degrés 5 minutes ; ce qui correspond à 5 deniers 6 grains, et fait un haut billon.

(*e*) Il serait avantageux d'employer un alliage qui

rendit le cuivre moins susceptible de vert-de-gris ; ce qui rend cette monnaie dangereuse pour la santé.

(*f*) Ce poids est égal à 1,882 grains $\frac{7}{10}$ du poids de marc de Charlemagne, ou 3 onces 2 gros 10 grains $\frac{7}{10}$.

(*g*) Ce poids est égal à 18,827 grains du poids de Charlemagne, ou 2 livres 5 gros 35 grains ; il provient de la pesanteur d'un décimètre cube d'eau distillée, c'est-à-dire, d'un cube dont le côté est la dixième partie du mètre.

(*h*) Le gramme pèse 18 grains $\frac{827}{1000}$ du poids de Charlemagne.

(*i*) 1°. Ce système d'uniformité des pièces, dérive de la nature des divisions monétaires adoptées en France. On a proposé que le franc fût sous-divisé en décimes et en centimes, qu'il y eût des pièces d'un, deux et cinq francs, d'un, deux et cinq centimes; et l'on s'est écarté de la simplicité de ce système, en n'adoptant pas une pièce de 5 décimes, et qu'une pièce de franc d'or.

2°. Les députés du commerce de France ont demandé des pièces de billon ; ils ne l'auraient pas demandé qu'il faudrait l'ordonner, pour ne pas perdre au moins moitié de la valeur de plus de douze millions d'espèces de billion de 2 sous et de 6 liards, qui sont dans le commerce ; perte qui résulterait de l'affinage de cette matière. Je propose le billon avec d'autant plus de confiance, que c'est l'avantage de la nation, sous le troisième rapport, que les pièces de 1, 2 et 5 décimes étant plus exposées à une circulation très-active, elles sont plus sujettes à être usées par le frai, et que, dans ce cas, la perte de la matière sera de moitié moindre que celle des pièces d'argent.

3°. J'établirai, sous la deuxième section, les motifs qui déterminent les changemens que je propose relativement aux espèces d'or. Voyez la note *k*.

(*k*) La loi du 28 thermidor veut que cette pièce soit du poids de dix grammes; mais j'observe 1°. que, pour établir un système harmonique, puisque le franc d'argent est de 5 grammes, il faut que le franc d'or soit du même poids que le franc d'argent; il en résulte, outre l'ordre harmonique, plus de facilité pour calculer la valeur relative à la proportion entre l'or et l'argent; 2°. qu'il y aurait une trop grande distance de la pièce de 5 francs d'argent à celle de 31 francs en or; 3°. qu'on pourra par ce moyen obtenir l'uniformité dans le système, en fabriquant des pièces d'un, de 2, de 5 francs d'or; laquelle dernière pièce ne pèsera que 25 grammes, et sera conséquemment moins pesante que des pièces d'or d'autres pays; telles que la pièce de cinq guinées d'Angleterre, qui pèse plus de 41 grammes; de cinq doppias, ou la génovine de Gênes, qui pèse plus de 33 grammes; que la portugaise, ou pièce de dix ducats de Hambourg, qui pèse plus de 35 grammes; que le dobra et le dobraon de Portugal, qui pèsent plus de 28 et de 53 grammes.

17

Il serait possible de faire des pièces d'or de 10 20 et 50 francs ; mais il faudrait renoncer à la rigueur du systême d'uniformité, soit de titre, soit de pesanteur ; et, dans cette dernière hypothèse, qui serait préférable, la pièce de dix francs ne pèserait que 3 grammes 225 milligrammes $\frac{8}{10}$; celle de 20 fr., 6 grammes 451 milligrammes $\frac{6}{10}$; celle de 50 fr., 16 grammes 129 milligrammes. Ainsi, la pièce de dix francs serait un peu plus faible que le ducat.

(*l*) Pour remplacer près de 132 millions de petits écus et de 20 millions de pièces de 24 sous, qui seront nécessairement retirés de la circulation, d'après le mode qui sera présenté dans un autre tems.

(*m*) Cette proportion donne une retenue de dix pour cent. Celle des pièces de 2 sous était de quatorze pour cent. Cette retenue est nécessaire, parce que les frais de fabrication sont plus considérables ; d'ailleurs, c'est une monnaie qui n'est pas destinée à la solde des opérations commerciales avec l'étranger. Au reste, si l'on veut diminuer cette retenue, on pourra réduire à 1000, 500 et 200 le nombre des pièces par kilogramme ; alors, la pièce d'un décime pèsera 1 gramme, celle de 2 décime 2 grammes, celle de cinq décimes 5 grammes ; mais celle-ci serait un peu plus épaisse que la pièce d'un franc, à cause de la pesanteur spécifique des métaux, qui donne un bien plus gros volume pour le cuivre, que pour, l'argent ; et dans la proportion de plus d'$1\frac{1}{8}$.

(*n*) On ne fabriquera des pièces d'un décime que lorsqu'on pourra retirer, sans inconvénient, celles d'un décime de cuivre, et alors on quadruplera la fabrication des pièces de deux décimes.

(*o*) Je le répète, les pièces du cuivre contractent un poison, le vert-de-gris, qui est dangereux non-seulement dans la fabrication, mais encore dans les caissés publiques et dans l'usage journalier. Il serait de l'économie politique d'allier le cuivre à d'autres métaux ou minéraux qui atténuassent cette faculté de contracter le vert-de-gris. Si cette opinion était adoptée, j'en indiquerais le moyen, et j'en présenterais le résultat.

(*p*) Conformément à la loi rendue sur cet objet.

(*q*) Cette proportion se trouve, à-peu-près, conforme à celle qui existait depuis le commencement du dix-huitième siècle jusques en 1794. On y voit, en effet, une fabrication de 13,000,000 liv. en sous,
de 273,000 en pièces de 6 deniers,
de 74,000 en pièces de 3 deniers,
ce qui donne environ 16 millions. Or, dans la proportion de 16 à 10, 13 doivent donner à-peu-près 8. Or, le rapport de 800 à 160 et à 40 différe peu des autres rapports, et sont plus concordans avec des données non-fractionnaires.

(*r*) On pourrait adopter l'emblême d'une Minerve française; le casque en tête, avec un coq pour cimier; le bouclier national au bras gauche (le bouclier pourrait être orné d'un soleil avec la lettre *f* au centre ; les rayons aboutiraient à un cercle d'étoiles qui borderaient le bouclier) une branche d'olivier dans la main gauche ; le bras droit appuyé sur un ancre, et une balance dans la main droite : la cuirasse étoilée, avec un soleil sur la poitrine ; le vêtement bordé d'étoiles ; à ses pieds une charrue et une corne d'abondance, symboles de l'agriculture et de la prospérité commerciale.

(*s*) La couronne d'étoiles est l'emblême de l'immortalité.

(*t*) C'est-à-dire, de $15\frac{1}{2}$ hectogrammes d'argent pour un hectogramme d'or.

(*u*) Ce qui correspond à 216 francs 60 centimes pour le kilogramme d'argent, et à 3,357 fr. 30 cent. pour le kilogramme d'or.

Le tarif du 26 pluviôse porte le kilogramme d'argent à 218 livres 59 centimes, qui, d'après les loix rendues, valent 215 francs 90 centimes. Si, en exécution de la loi du 16e jour du 1er mois de l'an 2, on en retranche la retenue de 1 pour cent, ces 215 fr. 90 cent. se trouvent réduits à 213 fr. 74 cent. $\frac{1}{10}$, et dans ce cas, la valeur intrinsèque du kilogramme des pièces de 5 francs est de 192 fr. 36 cent. $\frac{7}{10}$: et comme la valeur légale du kilogramme des pièces de 5 francs est de 200 francs, on prendrait 7 francs 63 centimes $\frac{3}{10}$ pour frais de fabrication et d'administration, ou 3 $\frac{8165}{10000}$ pour cent ;

cette retenue serait exorbitante, puisqu'il a été démontré, dans le rapport de la commission des monnaies, que la retenue nécessaire ne doit s'élever qu'à $2 \frac{61}{100}$ pour cent : or, une plus grande élévation empêcherait l'apport des matières aux monnaies il faut donc la réduire à $2 \frac{61}{100}$ pour cent.

FIN.

TABLE

Des Matières contenues dans la 1re Livraison.

AVANT-PROPOS, page iij
ESSAI ou recherches sur les monnaies, 3
Ire. PARTIE. *De l'organisation des monnaies*, 7
Section Ire. *De la surveillance*, ibid.
Section II. *De l'économie*, 17
IIe. PARTIE. *De la fabrication*, 25
Section Ire. *Des empreintes*, 26
Section II. *Subdivision de la pièce de 5 francs*, 29
Section III. *Des pièces d'or*, 32
IIIe. PARTIE. *Du tarif des monnaies*, 36
IVe. PARTIE. *Politique des monnaies*, 43
NOTES des quatre parties précédentes, 55
PROJET d'arrêté pour l'organisation des monnaies, 65
TITRE Ier. *Administration générale*, ibid.
TITRE II. *Des Fonctionnaires généraux*, 71
TITRE III. *Des Fonctionnaires particuliers des monnaies*, 74
Section Ire. *Du nombre des Fonctionnaires*, ibid.

Section II. *Du Directeur des monnaies*, page 75
Section III. *Du Commissaire national*, 81
Section IV. *Du Contrôleur des monnaies*, 84
Section V. *Du Surveillant du monnayage*, 86
Section VI. *Du Graveur*, 88
TITRE IV. *Du nombre des hôtels des monnaies*, 89
TITRE V. *Des Délivrances*, ibid.
TITRE VI. *Du jugement du titre des fabrications des monnaies d'or et d'argent*, 92
TITRE VII. *Du jugement et délivrance des pièces de cuivre*, 96
TITRE VIII. *De la vérification des fausse-monnaies nationales et étrangères*, 99
TITRE IX. *De la Comptabilité des monnaies*, 101
TITRE X. *Des traitemens et salaires des Fonctionnaires et Employés des monnaies*, 106
Section Ire. *Des traitemens*, ibid.
Section II. *Des salaires*, 108
PROJET de loi pour la fabrication des monnaies, 113

TITRE Ier. *Du titre des métaux*, page 113
Section Ire. *De l'échelle de titre*, ibid.
Section II. *Du titre des monnaies françaises*, 114
TITRE II. *Du poids monétaire*, 115
TITRE III. *Des monnaies françaises*, 116
Section Ire. *Division des monnaies françaises*, ibid.
Section II. *Des pièces d'or*, ibid.
Section III. *Des pièces d'argent*, 117
Section IV. *Des pièces de haut billon*, 118
Section IV. *Des pièces de cuivre*, 119
TITRE V. *Des empreintes*, 121
Section Ire. *Des empreintes de champ*, ibid.
Section II. *Des empreintes sur tranche*, 123
TITRE V. *Du tarif des matières et espèces d'or et d'argent*, ibid.
TITRE VI. *De l'altération et de la falsification des monnaies*, 124
Section Ire. *De l'altération des monnaies*, ibid.
Section II. *De la fabrication et de la distribution de fausses-monnaies*, 125
Observations et Notes, 127

Fin de la Table.

www.ingramcontent.com/pod-product-compliance
Ingram Content Group UK Ltd.
Pitfield, Milton Keynes, MK11 3LW, UK
UKHW021155260726
13994UKWH00001B/476

9 782329 406022